创新创业教育改革的实践与探究

邹海燕　任建红　吴　怡　著

中国建材工业出版社
北　京

图书在版编目(CIP)数据

创新创业教育改革的实践与探究/邹海燕，任建红，吴怡著. --北京：中国建材工业出版社，2023.11
ISBN 978-7-5160-3917-5

Ⅰ. ①创… Ⅱ. ①邹…②任…③吴… Ⅲ. ①创造教育—研究 Ⅳ. ①G40—012

中国国家版本馆 CIP 数据核字(2023)第 222323 号

创新创业教育改革的实践与探究
Chuangxin Chuangye Jiaoyu Gaige de Shijian yu Tanjiu
邹海燕　任建红　吴　怡　**著**

出版发行：中国建材工业出版社
地　　址：北京市海淀区三里河路 1 号
邮　　编：100044
经　　销：全国各地新华书店
印　　刷：北京传奇佳彩数码印刷有限公司
开　　本：787mm×1092mm　1/16
印　　张：9.5
字　　数：125 千字
版　　次：2024 年 5 月第 1 版
印　　次：2024 年 5 月第 1 次
定　　价：59.80 元

本社网址：www.jccbs.com，微信公众号：zgjcgycbs

前　言

当今世界，科学技术迅猛发展，国际竞争日益激烈。国际竞争说到底是创新的竞争，是人才的竞争。世界各国都把培养创新人才作为第一要务，各国的教育改革也是围绕着教育质量展开，以提高人才培养的质量为核心，以创新人才培养机制为重点，加快培养创新人才。开展创新创业教育关系到学生创新精神的树立、创业能力的培养以及自主创新理念的养成，关系到国家的发展和民族的活力。加强创新创业教育，培养具有人文精神、科学思维、实践能力和创新创业素质的人才是新时代赋予现代高校的历史使命。

我国作为人口大国，人才济济，各类资源丰富，在创业方面还有巨大的可提升空间。现在甚至将来很长一段时间内都需要创业来拉动经济，通过创业能挖掘更多的商机，创造更多的社会物质财富，提供更多的岗位和就业机会。但是，创业的目的绝不仅仅是为了追求就业率的提升，创新创业改革更能带来巨大的社会价值。

本书是创新创业教育改革方向的著作，主要从创新创业教育概述入手，对创新创业教育改革的实践与探究进行了系统研究，内容包括：创新创业教育概述、创新创业的基本要求、创新创业筹备研究、创新创业教育融合发展新模式、创新创业教育的实践探究与路径等。条理清晰、内容精炼、重点突出、选材新颖，具有实用性、综合性，希望通过本书能够给从事相关行业的读者们带来一些有益的参考和借鉴。

在本书的撰写过程中，作者虽然努力做到精雕细琢、精益求精，但是由于自身知识和经验的局限，书中不足之处在所难免，恳请读者批评、指正，以使我们的学术水平不断提高，不胜感激。本书参考借鉴了很多专家、学者的著作，并借鉴了他们的一些观点，在此，对这些学术界前辈深表感谢!

目　录

第一章　创新创业教育概述

第一节　创新与创新精神

创新和创业密不可分，人们的创业活动离不开创新，创新是社会进步的灵魂；创业是创新的表现形式和载体，是推动经济社会发展、改善民生的重要途径。创新创业教育是当今高等教育现代化的发展方向，通过创新创业教育可以推动教育的革新，明确大学生创业意向，助推专业知识转化成创业成果，促进大学生的全面发展和社会进步。

一、创新的科学内涵

创新是人类为了满足自身需要，以新思维、新发明和新描述为特征，不断拓展对客观世界的认识能力和实践能力的活动，是人类主观能动性的高级表现形式。英语中 Innovation（创新）这个词起源于拉丁语，它原意有三层含义：第一层含义是更新，就是对原有的东西进行替换；第二层含义是创造新的东西，就是创造出原来没有的东西；第三层含义是改变，就是对原有的东西进行改造和发展。在汉语中，创新一词也出现得很早，《现代汉语词典》中对创新的解释是：抛开旧的，创造新的；创造性；新意等。

创新是指企业家对生产要素“进行新的组合”，从而获得超额利润的过程。这种新的组合包含了五种情况：一是引入一种新产品或提供一种新的产品质量；二是采用一种新的方法；三是开辟一个新的市场；四是获得一种原料或半成品的新的供给来源；五是实行一种新的企业组织形式。在熊彼特创新概念的基础上，人们进一步提出技术创新、产品创新、过程创新、制度创新、体制创新等一系列概念，并将微观领域的创新活动上升到国家宏观层面，提出国家创新体系等概念。

虽然学术界对“创新”尚未有统一定义，但是从一般意义上来看，人们认为，创新是指打破已有的思维模式或常规的思路和见解，利用有限的资源在特定的环境下改进或创造新的事物，探索新的方法和路径，并取得一定效果的行为和过程。具体来讲，可从以下几方面进行理解。

第一，创新是获取收益中的一个阶段。在这个阶段，需要打破常规，突破传统，产生新设想和新概念，并将其发展到实际应用的阶段。

第二，创新是创造和引进某种有用的新事物的过程。在这个过程中，从发现潜在的意识开始，运用知识或相关信息进行创造，并经历事物的可行性检验，直至新事物的广泛应用为止。

第三，创新具有解决问题的作用。创新可以在解决经济问题、社会问题和技术问题等范围内发挥广泛的作用，它是每个人都可以参与的事业。

第四，创新是以取得的成果和成效为评价尺度。任何创新活动的目的都是为了取得一定的成果并推广应用，根据成果和成效可以分为小级别创新、突破性创新和里程碑式创新。

二、创新的特点和类型

（一）创新的特点

从创新的定义和含义可以看出，创新是对于重复、简单的劳动方式的否定，是对原有事物进行根本性变革或综合性改造，它具有以下几方面的特点。

1. 目标性

创新的目标就是通过创新活动，在一定时期内预期所要达到的结果。不同的创新活动具有不同的目标，企业创新活动的目标是提高核心竞争力，从而赢得市场。

2. 变革性

创新是对原有事物的改革和革新，是一种深刻的变革。只要变革的方向正确，目标明确，就可以打破已有限制，获得更大的生存空间。

3．新颖性

创新的新颖性是指创造者对现有的不合理事物进行扬弃，革除过时的内容，创造出前所未有的东西。

4．前瞻性

由于创新就是相对于他人的首创行为，因此创新往往超前于社会认识，能把握到未来事物的发展方向。

5．价值性

价值性不是单纯提高产品的技术竞争力，而是通过为顾客创造更多的价值来争取顾客，取得企业的成功，由此开辟一个全新的、非竞争性的市场空间。

（二）创新的类型

1．产品创新

产品创新就是研究开发和生产出更好的、用以满足顾客需求的产品，使其性能更好，外观更美，使用更便捷、更安全，总费用更低，更符合环境保护的要求。因为产品是满足社会需要、参与竞争、直接体现企业价值的东西，因而这是企业创新的主要任务。产品创新可在三个层面上实现：开发出具有新功能的产品，产品结构方面的改进，外观方面的改进。

2．技术创新

技术创新是指采用新的生产方法或新的原料生产产品，以达到保证质量、降低成本、保护环境或使生产过程更加安全和省力。技术创新可在四个层面上实现。

(1) 工艺路线的革新

这是生产方式思路的改变。例如，用精密铸造、精密锻造粉末冶金代替金属切削生产复杂的机械零件，可大幅度缩短生产周期，降低成本。

(2) 材料替代和重组

例如，前几年，美国农产品过剩，农场主负债累累，政府补贴农业财政负担沉重。农业州的农民与大学合作，从环保角度出发，以农产品做原料生产工业产品，比如用玉米生产一次性水杯、餐具和包装盒；从玉米中提取燃烧用的乙醇；从大豆中提取润滑油替代石油产品等，受到市场欢迎，政府决定给予减税和强制推行等政策支持。

(3) 工艺装备的革新

例如，用电脑绣花机代替手工绣花，用数控机床代替手动操作机床等。

(4) 操作方法的革新

用更省力、更高效的操作方法代替过去的一些传统的、不适应现代技术进步的操作方法。

3. 制度创新

制度创新是从社会经济角度来分析企业系统中各成员间正式关系的调整和变革，制度是组织运行方式的原则规定。企业制度主要包括产权制度、经营制度和管理制度等三方面的内容。

4. 其他方面的创新

其他方面的创新包括商业模式创新、结构创新、环境创新、市场创新等。

三、创新的原则和阶段

(一) 创新的原则

1. 科学性原则

创新必须遵循科学技术原理，不得违反科学发展规律，因为任何违背科学技术原理的创新都是不能获得成功的。

2. 市场性原则

创新设想要获得最后的成果，必须经受走向市场的严峻考验。爱迪生曾说："我不打算发明任何卖不出去的东西，因为不能卖出去的东西都没有达到成功的顶点。能销售出去就证明了它的实用性，而实用性就是成功。"创新设想经受市场考验，实现商品化、市场化要按市场评价的原则来分析。其评价通常是从市场寿命观、市场定位观、市场特色观、市场容量观、市场价格观和市场风险观等六方面入手来考察创新对象的商品化和市场化的发展前景，而最基本的要点则是考察该创新的使用价值是否大于它的销售价格，也就是要看它的性能是否优良、价格是否合适。

3. 择优性原则

创新产物不可能是十全十美的。在创新过程中利用创造原理和方法从而获得许多创新设想，它们各有千秋，这时就需要人们按相对较优的原则，从创新技术先进性、创新经济合理性、创新整体效果性等方面对设想进行判断选择。

4. 简洁性原则

在现有的科学水平和技术条件下，如不限制实现创新方式和手段的复杂性，所付出的代价可能远远超出合理程度，使得创新的设想或结果毫无使用价值。在科技竞争日趋激烈的今天，结构复杂、功能冗余、使用繁琐已成为技术不成熟的标志。因此，在创新过程中要始终贯彻机理简单的原则。

（二）创新的阶段

英国心理学家格林汉姆·沃勒斯（Graham Wallers）提出了创新的“四阶段理论”，该理论认为创新过程应包括准备期、酝酿期、顿悟期和检验期等阶段。

1. 准备期

这是创新过程的基础阶段。这一阶段的特点主要是在积累知识的过程中检查和清理问题，确定创造的方向和目标。在这个阶段，提出问题、搜集资料和提出假设是最为重要的步骤。

（1）提出问题

创新者能明确地提出问题就等于问题已经解决了一半。为了能正确地提出问题，首先必须了解引起问题所依据的重要事实以及在解决问题时已具备的前提条件，如理论水平和研究积累的科学事实等。

（2）搜集资料

在这一阶段，必须着手挖掘一切行之有效的方法，即尽可能地围绕问题搜集资料、形成概念、储存经验，以便为进行创新活动奠定良好的基础。

（3）提出假设

创新都是以假设为前提的，只有进行可行性的假设，才能从不同的事物中发现共同的东西，从未知的事物中找出已知的东西，从已知的事物中预测未知的东西。有了假设，特别是想象假设，才能发现自然界和社会生活中的新规律，成为新事物的发明者和创新者。

2．酝酿期

这是创新过程的运作阶段。酝酿阶段是对各种材料进行深入细致的分析，进行消化、吸收，并提出问题和解决方案的过程。这一过程是创造性思维过程中最为艰苦的阶段，也是智力和意志活动付出最大努力的阶段。

为了把自己调整到创新的状态上来，创新者必须从熟悉的思考模式以及对某事的固定成见中摆脱出来，打破看问题的习惯方式。为了避免习惯的“智慧”束缚，你可以用以下几种技巧进行酝酿。

（1）群策攻关法

群策攻关法是建立在与他人一起工作从而产生独特的思想，并创新地解决问题的基础上。在创新攻关期间，一般是几组人在一起工作，在特定的时间内大家提出了尽可能多的思想，但并不对它们进行判断和评价。批判的评价可推迟到后一个阶段。

（2）创造“大脑图”

“大脑图”是一个具有多种用途的工具，它既可用来提出观点，也可表示不同观点之间的多种联系。在一张纸的中间写下主要的专题，然后记录所有能够与这个专题有联系的观点，并用线把它们连起来，让大脑自由地运转，跟随它一起去建立联系的活动。通过尽可能快地工作，让其自然地呈现出结构，反映出大脑自然地建立某种联系和组织信息的方式；在新的信息和不断加深理解的基础上，修改其结构或组织。

（3）做好梦境记录

为了抓住所做的梦，不妨经常在梦醒时分，把所能回忆起来的梦的情景记下来，通过梦境中的内容寻找创新的元素。

3. 顿悟期

这是创新过程的收获阶段，常常被称为“直觉的跃进”“思想上的光芒”。顿悟是与直觉和灵感具有一定联系的思维现象。进入这一阶段，问题的解决一下子变得豁然开朗，思维范围扩大，以往百思不得其解的难题瞬间得到破解。必须指出，顿悟和灵感绝不是什么神秘的东西，也不是无法说清的东西。它同前面的准备和酝酿是分不开的。顿悟如果离开人们长时间的实践，离开高度集中化与紧张化的思考是不可能产生的，它是一个人长期实践、长期思考、艰苦劳动的产物。

4. 检验期

这是创新过程的反思阶段。只有通过验证，才有可能证实创造成果的价值。豁然开朗阶段之后，创造性思维已经获得了初步的思维成果，提出了一定的假设和解决问题的方案。但是，通过灵感获得的结果也未必合理，所以还要通过严密的逻辑推理或是实验操作对这一结果的合理性进行检验。在验证过程中，可以发现原有设想的不足和缺点，可以对其进行修正、补充，使其逐步完善。当然，也可能这一假设经受不住考验被全盘否定，但在这一过程中已经对材料进行了深入细致的分析与思考，为新思路的提出奠定了坚实的基础。

四、创新意识及培养

（一）创新意识

创新意识是指人们根据社会和个体生活发展的需要，引起创造前所未有的事物或观念的动机，并在创造活动中表现出的意向、愿望和设想。它是人类意识活动中的一种积极的、富有成果的表现形式，是人们进行创造活动的出发点和内在动力，是创造性思维和创造力的前提。

创新意识包括创造动机、创造兴趣、创造情感和创造意志。创造动机是创造活动的动力因素，它能推动和激励人们发动和维持进行创造性的活动。创造兴趣能促进创造活动的成功，是促使人们积极探求新奇事物的心理倾向。创造情感是引起、推进乃至完成创造的心理因素，只有具有正确的创造情感才能使创造成功。创造意志是在创造中克服困难，冲破阻碍的心理因素，创造意志具有目的性、顽强性和自制性。

（二）大学生创新意识的培养

创新是一个民族进步的灵魂，是一个国家兴旺发达的不竭动力。创新意识和创新思维是创新教育的核心。培养学生的创新能力必须培养学生的创新意识。21世纪是知识经济时代，知识经济的本质就是创新，培养创新意识是对新时代大学生提出的基本要求，也是大学生必备的素质。

1. 破除创新思维枷锁

影响大学生进行创新思维的枷锁大致有如下五种：从众型思维枷锁、权威型思维枷锁、经验型思维枷锁、书本型思维枷锁、自我贬低型思维枷锁。

2. 充分激发创新思维潜能

精通所学，兴趣广泛。创新绝不是无本之木、无源之水，唯有打牢知识的基础，创新才有可能实现。因此，大学生应精通所学课程，并培养广泛的阅读兴趣。

（1）处处留心皆学问

学习绝不仅限于课堂和读书，事实上，学习无处不在。与他人交流是学习，上网是学习，看电视也是学习，其关键在于我们是不是用心。例如，看古装电视剧时我们可以了解一些历史知识，如古人的习俗、衣着、饮食习惯、家具陈设以及计谋等；看现代电视剧可以了解当代年轻人所思所想所为等。

（2）理论与实践相结合

读万卷书，行万里路，唯有理论与实践相结合，理论才有意义。大学生应该活读书、读活书。只有精通理论，才可能去付诸实践，只有拥有丰富的实践经验，才可能产生新的理论。

（3）打破砂锅问到底

大学生要培养自己的创新意识，应富有怀疑精神，探究各种事物的本源及其实质。

（4）投身社会实践

“实践是检验真理的唯一标准”，要激发大学生的创新意识，培养大学生的创新能力，必须让大学生投身于社会实践中。只有在实践中才能找出想与做的差距，创新理念才能变为现实，创新意识、创新能力才能得到真正的发展。

第二节　创业与创业精神

一、创业的科学内涵

“创业”一词有着较宽泛的解读，“创”，即开始、创造、开创、设立之意；《现代汉语词典》对“业”的解释是指学业、事业、功业、家业、产业、职业、行业等。在英文中“创业”有两种表述方式：一是“venture”，二是“entrepreneurship”。

创业是指发现市场商业机会，将拥有的资源进行整合，通过创建企业或企业组织结构创新，将商业机会转化为盈利模式，从而创造出更多财富和价值的过程。创业有广义和狭义之分，广义的创业是指创业者的各项创业实践活动，狭义的创业是指创业者的生产经营活动，主要是开创个体和家庭的小企业。

从以上关于创业的定义可以看出它有以下几方面的含义。

第一，创业的潜在价值需要通过市场来体现，即市场是实现财富的渠道。

第二，创业的本质在于对商业价值的发掘与利用，即要创造或认识到事物的一个商业用途。

第三，创业的目的是创造财富，实现人生价值。创业者进入市场，创建实业是生活态度和生活方式的巨大转折，是为自己创建一个发挥才华、施展抱负、奉献社会、实现人生价值、报效国家的舞台。

二、创业的特点和类型

（一）创业的特点

1. 创业是主动进行的创造活动

知识经济的不断发展对人们的素质提出了新要求。在此背景下，人们会主动去开拓一种新的生存理念和生存模式来改变人们原有的生活方式，提高人们的生存能力。

2. 创业是创造价值的过程

创业是对社会资源的重新组合、配置和利用，是创造更多价值、新事物的过程。

3. 创业带有一定的风险

创业环境的不确定性，创业机会与创业企业的复杂性，创业者、创业团队与创业投资者的能力与实力的有限性都会给创业带来一定的风险，导致创业的失败。

（二）大学生创业的特点

1. 大学生创业具有激情性

刚进入社会的大学生年轻有活力，勇于拼搏，没有太重负担，具有较强的社会适应能力；自信心较强，对自己认准的事物会有激情去体验。

2. 大学生创业具有知识性

大学生通过在学校的专业学习，掌握了一定的专业技能及专业知识，为创业打下知识基础。

3. 大学生创业具有创新性

大学生思维活跃，接受新事物较快，创意新、点子多。

4. 大学生创业经验缺乏

大学生意气风发，对创业满怀希望，但难免经验不足，缺乏对市场的了解，对风险和困难的抵抗力较为薄弱。

（三）创业的类型

创业类型的划分有许多方式，比较常见的是按照创业的动机、创业的起点、创业项目类型、创业方向或风险以及创新内容进行划分。

1．按创业动机划分

创业可分为机会型创业与就业型创业。机会型创业是指创业的出发点并非谋生，而是为了抓住、利用市场机遇；就业型创业是指创业者为了谋生而自觉或被迫地走上创业之路。

2．按创业起点划分

创业可以分为创建新企业和企业内创业。创建新企业是指创业者个人或团队从无到有地创建出全新的企业组织。这个创业过程充满挑战和刺激，个人的想象力、创造力可得到最大限度的发挥，但风险和难度也很大，创业者往往缺乏足够的资源、经验和支持；企业内创业是指在现有企业内的有目的的创新过程。

3．按创业项目类型划分

创业可分为传统技能型创业、高新技术型创业和知识服务型创业。传统技能型创业是指使用传统技术、工艺的创业项目；高新技术型创业是指知识密集度高，带有前沿性、研究开发性质的新技术、新产品项目；知识服务型创业是指为人们提供知识、信息的项目。

4．按创业方向或风险划分

创业按方向或风险可分为依附型创业、尾随型创业、独创型创业和对抗型创业。依附型创业是指依附于大企业或产业链而生存，为大企业提供配套服务或者使用特许经营权；尾随型创业是指模仿他人创业，“学着别人做”；独创型创业是指提供的产品或服务能够填补市场空白；对抗型创业是指进入其他企业已形成垄断地位的某个市场，与之对抗较量。

5．按创新内容划分

创业按创新内容可分为基于产品创新的创业、基于营销模式创新的创业和基于组织管理体系创新的创业。基于产品创新的创业是指基于技术创新或工艺创新等产生了新的消费群体，从而引起创业行为的发生；基于营销模式创新的创业是指采取有别于其他厂商的市场营销模式，因而有可能给消费者带来更高的满足度；基于组织管理体系创新的创业是指采取有别于其他厂商的企业组织管理体系，因而能够更高效地实现产品的商业化和产业化。

三、创业的原则和过程

（一）创业的原则

1. 适应性原则

创业初期，不适宜选择不切合实际的大型项目，要选择感兴趣、熟悉的项目进行，至少在做之前已经跟别人学习过，或者做过长时间的调研分析，对项目有一个清晰的认知，尤其是对风险的认知。

2. 市场性原则

对于初创者来说，创意很重要。但是，产品的市场和销售往往比创意更重要。往往有很多创业者认为自己发现了一种新的商业模式，但在实际操作中会发现行不通。没有销售渠道，再好的创意也没法变现。所以，在创业的初始阶段，相对于好的创意，怎样把你的产品或服务卖出去更为重要。

3. 资金可控性原则

现金流是一个项目的血液，能够给自己和团队持续发展的激情，无论现金流是来自真实的收入还是投资，都要尽早地实现现金流入，避免创业过程中由于现金流中断而带来的亏损问题。同时，要有止损底线，要敢于下决心喊停。

4. 实践性原则

创业者一定要对自己的事业有掌控力，但凡能做出一番成绩的创业者，初期一定是亲力亲为的舵手，不仅把握方向，还要渗透到项目细节、客户维系和具体运营之中。

5. 目标性原则

创业初期，目标一定要简单清晰，要了解目标集聚战略，将资源、资金和人力、精力集中于某一项主业上，避免“系统化”“整合”等多元化的发展战略和目标。

（二）创业的过程

创业过程包括从产生创业想法到创建新企业并获取回报的整个过程，通常可分为以下几个主要环节。

1. 产生创业动机

创业动机是创业的原动力，它推动创业者去发现和识别市场机会。创业活动的主体是创业者，创业活动首先取决于个人是否希望成为创业者。创业动机不仅是打算创业的一时冲动，更是对创业目标与预期收益的深思熟虑。

2. 识别创业机会

识别创业机会是对可能成为创业机会的诸多事件的分析和对创业预期结果的判断。创业机会一般分为两种：一种是意外发现的，一种是经过深思熟虑才发现的。国家产业政策的调整、新技术的出现、人口和家庭结构的变化、人们的物质和精神需求的变化、流行时尚等都可能形成创业机会。创业者应该具有敏锐的嗅觉，能够及时、准确地识别创业机会，将知识、经验、技能和其他市场所需的资源进行整合。

3. 整合有效资源

资源是创业的基础性条件，整合资源是创业者开发机会的重要手段。强调整合资源，是因为创业者可以直接控制的可用资源往往很少，许多成功的创业者都有白手起家的经历。创业者需要整合的资源包括基本信息（有关市场、环境和法律问题）、人力资源（合作者、最初的雇员）、财务资源等。

4. 创建新企业

创建新企业需要进行大量的准备工作，其中创业计划、创业融资和注册登记尤为关键。创意能否变成行动，关键看其能否形成一个周密的创业计划；资金往往成为创业企业的“瓶颈”，创业融资在企业的创建过程中至关重要；当创业者完成创业计划并获得融资之后就可以按照法定程序进行注册登记，包括确定企业的组织形式、设计企业名称、向工商行政管理机关提出企业登记注册申请、领取营业执照等。

5．实现价值

创业者整合资源、创建新企业的目的是实现价值，并通过实现价值来实现创业目标。

6．获得创业回报

创业回报是创业活动的目的，有助于强化创业者对事业的执着。

四、创业精神

（一）创业精神的内涵

创业精神就是突破现有资源限制而追求商机的精神。从这个角度来讲，创业精神是突破资源限制，捕捉和利用机会，敢于承受必要的风险，为创造新的某种价值努力发挥创造力，从而实现创新的一种心理过程。

1．创业精神的灵魂是创新

创业精神蕴含着创新，创业精神是一个创新过程。在这个过程中，新产品或服务机会被确认、被创造，最后被开发出来产品并创造出新的财富。

2．创业精神的天性是冒险

没有甘冒风险和承担风险的勇气，就不能成为创业者。中外无数创业者虽然成长环境、成长背景和创业机缘各不相同，但无一例外都是在条件极不成熟和外部环境极不明晰的情况下，敢为人先，勇于做“第一个吃螃蟹的人”。

3．创业精神的精髓是合作

在当今社会，行业分工越来越细，没有谁能一个人完成创业所需要完成的所有事情。真正的创业者都是善于合作的，而且还能将这种合作精神扩展到企业的每个员工。面临困境时，团队成员能团结一心，“心往一处想，劲往一处使”。

4．创业精神的本色是执着

创业的道路是坎坷的，选择了创业就是选择了面对更多困难、迎接更多挑战，而创业精神就体现在战胜困难与挑战的过程中。因此，创业者必须坚持不懈，只有知难而进，在战胜困难中学会成长，才能抓住真正的成功机会。

（二）大学生创业精神的培养

1．树立“广谱式”创业精神培育观

创新创业教育的基本原则是面向全体、分类施教、结合专业、强化实践，并明确“普及创新创业教育”的总体目标。因此，要从学生做起，广泛而持久地开展创新创业教育。

2．培养全面发展的能力

第一，要培养自己的创新思维能力，善于在已有经验的基础上发现新事物、创造新办法，从而解决新问题。第二，大学生要勇敢地面对挫折，具有坚定的创业意志品质。第三，大学生要培养吃苦耐劳的精神，就是指个人在面对困难并克服困难的过程中磨炼出的一种比较坚定的、持续的意志品质和顽强的精神。第四，大学生要培养危机意识。大学生可以通过创业竞赛、创业实践来培养自己的危机意识。第五，大学生要不断地充实创业知识。创业精神为创业提供精神、思想上的支持，而创业知识则是创业的能力、素质基础，因此大学生要认真学习创业知识，比如金融知识、法律知识、管理学知识，努力做好创业准备，以便在实践中能从容应对挑战。

3．课外活动中培育创业精神

课外活动又被称为“第二课堂”，是大学生创业精神培育的重要载体。课外活动中的专业社团活动、挑战赛活动、创新创业工作坊活动等均对大学生创业精神培育起着润物细无声的作用。对于大学生来说，一方面，要积极参加社会实践活动。社会实践活动对大学生来说主要包括到企业实习和利用寒暑假、周末做兼职等形式的活动。通过以上创业实践，丰富自己的社会阅历，以便于发现商机；另一方面，积极参加学校组织的各项各类第二课堂活动。积极利用大学生创业园等学校提供的创业实践平台，通过亲身实践，体会创业艰辛，以此来提高自己的抗压能力，磨炼自己的意志品质。

第三节　创新与创业的关系

创新和创业是相辅相成的，具有无法割裂的关系。创新是创业的手段，创业者只有通过创新，才能使所创的企业生存、发展并保持持久的生命力。尤其是大学毕业生创业，更需要有创新意识、创新思维、创新技能、创新品质，如果没有创新，整个的创业链条就会断裂。创新是创业者实现创业的核心，创业者通过创新实现创业，而且创业者要通过创新实现创业精神，而创业精神既是创业者必须具备的品质，也是创业者的一种内在品质，更是创新的一种具体表现。

“创新”指新的发现、改进，而有了这些，还要面临个人的选择，即这个人是否想要创业。在这之后，创业需要的各种条件，如筹款、目标市场选择、人员招纳、厂址选择等，这一系列问题都需要解决，如果有一个问题被难住，那这创业之路也难以前进。

创新是创业的基础，创业是创新的载体。创新是对人的发展总体的把握，创业着重的是对人的价值的具体体现。仅仅具备创新精神是远远不够的，它只是为创业成功提供了可能性和必要的准备。创新精神所具有的意义，只有作用于创业实践活动才能有所体现，才有可能最终产生创业的成功。因此，创新与创业要有机融合、相辅相成。

创新与创业虽是两个不同的概念，有着一定的区别，但是却存在着本质上的契合、内涵上的相互包容和实践上的互动发展。

一、创新与创业的区别

（一）内涵不同

从定义上来看，创业是创造新的商业，而创新是在市场中的一种发明；创业有可能涉及或者并不涉及创新，创新也有可能涉及或者也并不涉及创业。创新泛指“创新成果被商业化的价值实现过程”，而创业则特指“创建企业的过程”。前者完全可以在已有的企业组织框架内实现，不一定涉及企业组织制度的建设；而后者则必然要涉及企业组织制度的建设。

从内涵上来讲，创新主要是从经济与技术相结合的角度探讨技术创新在经济发展过程中的作用；创业则是一个新的非生命市场参与者的创造过程（新商业的诞生）。创业强调的是，如“企业从何而来”“人们为什么创建新的商业”“商业是如何被创造的”等，而创新研究的是对生产函数包括生产力、科学技术、生产资料、生产工具及劳动力和生产关系的建立等。

（二）研究侧重点不同

创新作为创业的手段，是独有的东西，它是思想的表达以及过程，就是为社会增添新的东西，偏重于理论的分析。创业则偏重于实践的过程，即个体建立一份自己的事业，追求自己想要的成功。

二、创新与创业的联系

无论是小企业还是互联网的初创企业，本质都是创新，增加了不同的因素。比如人们的手机可能有不同的应用，从电话短信到语音视频聊天软件，是不同时间段的创新；从网购到团购，是不同维度的创新，可以满足不同群体或者同一群体的不同需求。

无论什么样的创新，都需要转化为实际的产品、技术或服务，才能真正被人们所利用。古今中外有很多创造性的思想，但真正流传下来的往往是一些有实际意义的东西。所以创业和创新都是以人为本，以变化为本质，以应用为目的。

（一）主体的一致性

首先，实施主体是一致的。创业者在进行创业时，重要的创业资本是核心技术、创业知识、运作资金、创业团队、创新能力等，其中创新能力是最重要的。创业者在创业过程中需要具备创新意识和创新精神，需要独特和新颖的创新思维，产生出富有创意的独特想法，寻求解决问题的新的思路和方法，不断克服企业发展中的瓶颈和难题，最终才能够取得创业的成功。

其次，价值主体是一致的。创新的价值在于创业，创业蕴含着价值创新。创新的价值就在于将潜在的知识、技术和商机转化为产品与服务，能够创造财富，实现企业再创业，通过将创新成果进行商品化和产业化，实现社会财富的增值；每一个创业能够取得成功，必然内在地存在着价值创新。创业是一种能够自我发展达到不断创新的过程，创新其实就是人们常说的“企业家精神”的本质。

（二）时序的一致性

从创新的时效性看，企业创新特别是在科技成果推向市场的过程中一般总是从产品创新、技术创新开始的。因为一种新的市场需求总是表现为产品需求，因而在创新初期企业的创新活动主要是产品创新。一旦产品被市场接受，随之而来的是企业将把注意力集中在过程创新上，其目的就是降低生产成本，改进生产工艺，提高生产率。当产品创新和过程创新进行到一定程度时，企业的创新注意力会逐渐转移到市场营销创新上，目的是提高产品的市场占有率。在这些创新重点的不同时序上还会伴随着必要的管理创新和组织创新。可见，利用科技成果进行创业在时序上是一个连续的过程。

（三）创新是创业成功的重要依托

1. 技术创新是创业的重要切入点

从历史发展的角度看，分别以蒸汽动力的改革和应用、电力的广泛应用和电子计算机的广泛应用为特征的三次技术革命引起了社会生产的深层次变革，振兴了相关产业，也造就了大批兼具科学家、技术发明家和产业巨头于一身的科技实业家，特别突出的有爱迪生、诺贝尔、西门子、贝尔等。他们用自己的科学发现、技术发明成功创业，积累了巨大的财富，成就了辉煌的事业，他们的成长历程为当代大学生关注科技创业、投身科技产业提供了光辉的典范。从技术发明、技术改良到终端产品的创新发明与规模化生产，周期越来越短，更新频率越来越高。这在客观上对传统生产方式形成巨大冲击的同时，也为掌握高新知识与高新技术的大学生提供了很好的创业环境，成为大学生端正创业观念、寻找创业机会的必备要素之一。

2. 创新是创业获得市场认可的手段

既没有资金也没有社会关系更没有相关的工作经验的毕业生所拥有的正是社会所需要的创新精神和能力，只有运用自身的技术创新能力才能在创业的道路上获得“第一桶金”，从而成为成功的创业者。作为当代大学生群体而言，他们是伴随着商品经济、互联网经济等飞速发展而成长起来的，相对于他们的父辈、祖辈而言，他们更容易接受新观念、新事物。他们身上有崇尚拼搏、敢于挑战、追求成功的总体特征，这使得他们最有可能成为创业大军中以技术创新为特征的生力军与成功者。

（四）唯有创新才可以立于不败之地

我国每年都会有数以百万计的大学毕业生，但是出于种种复杂的原因，并不是每一个毕业的学生都能顺利工作。所以越来越多的人想到了创业这一条路，事实上也真的是有很多人毕业后选择创业，但是成功的例子却很少。现在的社会竞争这么激烈，同一种行业会有好多人都在做，如果你做得不够好或者不如别人的好，那么你就只能等着失败。然而要是你仔细进行调查，分析各行各业的形势，发掘那些少见的、新鲜的区域，思考出一个别人从未有过的点子或者想法，再加上一些充分的准备工作，那么这次创业的结果必然是成功的。就比如说某一条街的两边超过半数以上的都是开饭馆的，做的饭不是米就是面，人们都吃够了，但是如果有人开了一家店，这家店做的饭其他饭馆的厨师都没做过，也不会做，而且还很美味，那么这家饭馆的生意可想而知了，所以只有创新才可以在激烈的竞争中站稳脚跟。

第二章　创新创业的基本要素

第一节　创新精神与创业环境

我们这一代人很幸运，创业者并没有失败，只要创业者不放弃，就永远有机会。阿里巴巴的经验告诉我们，80％的年轻人都有可能成功。

推进大众创业、万众创新既是发展的动力之源，也是富民之道、公平之计、强国之策，对于推动经济结构调整、打造发展新引擎、增强发展新动力、走创新驱动发展道路具有重要意义，是稳增长、扩就业、激发亿万群众智慧和创造力，促进社会纵向流动、公平正义的重大举措。明确了推进大众创业、万众创新要按照“四个全面”战略布局，坚持改革推动，加快实施创新驱动发展战略，充分发挥市场在资源配置中的决定性作用和更好发挥政府作用，加大简政放权力度，放宽政策、放开市场、放活主体，形成有利于创业创新的良好氛围，让千千万万创业者活跃起来，汇聚成经济社会发展的巨大动能。不断完善体制机制、健全普惠性政策措施，加强统筹协调，构建有利于大众创业、万众创新、蓬勃发展的政策环境、制度环境和公共服务体系，以创业带动就业、创新促进发展。要坚持深化改革，营造创业环境；坚持需求导向，释放创业活力；坚持政策协同，实现落地生根；坚持开放共享，推动模式创新。

激发大学生的创新创业精神极其重要，这关系到民族、国家的未来，而这一工作要与现代教育紧密地联系在一起，教育必须培养大学生的实际工作能力和创新精神，要对学生进行更多的创新精神的培养，这也就需要国家的大力支持。

一、大学生创新精神的培养

创新对于一个民族、一个国家或一个政党都具有至关重要的意义，它既是知识的创造、转换和应用的过程，也是解放思想、实事求是的必然结晶。

（一）创新精神的含义

创新精神是指具有能够综合运用已有的知识、信息、技能和方法，提出新方法、新观点的思维能力和进行发明创造、改革革新的意志、信心、勇气和智慧。

创新精神既是一个国家和民族发展的不竭动力，也是大学生应该具备的基本素质。创新精神是进行创新活动必须具备的一些心理特征，包括创新兴趣、创新胆量、创新决心以及相关的思维活动。

创新精神是科学精神的一个方面，以敢于摒弃旧事物、旧思想，创立新事物、新思想为特征，同时又以遵循客观规律为前提，只有当创新精神符合客观需要和客观规律时，才能顺利地转化为创新成果，成为促进自然和社会发展的动力。

（二）培养大学生的创新精神

如何培养大学生的创新精神是高校，更是国家、政府乃至于全社会的责任，只有营造良好的环境，才能有利于大学生更好地发挥他们的才智。

1. 弘扬民族精神，树立远大理想，努力提高自身素质

大学生是国家的希望和未来，大学生的理想就是国家的明天，所以大学生一定要心系祖国、志向高远，站在民族和国家的高度看待自己的将来和志向，勇于承担崇高的历史使命，努力提高自身素质。打铁还需自身硬，只有练就真正的本事，才能施展才华，报效祖国，否则就是一纸空谈。

2. 积极引导，启迪和激活大学生的创新意识

意识是思想的萌芽状态和初级阶段，而学校又是传道、授业和解惑

的场所。因此，通过课堂教学和引导来启迪和激活大学生的创新意识至关重要。创新性学习的功能在于通过学习提高一个人发现、吸收新信息和提出新问题的能力，以迎接社会日新月异的变化。

3. 教育和强化大学生的创新观念

观念是行动的先导，人们的行动总是在一定观念的指导下进行的。只有正确的观念才能产生正确的行动。因此，要培养和提高大学生的创新精神，应注重大学生创新观念的培养与更新。马克思指出，人的创造性、能动性是自然赋予人的潜能素质，若得到开发，就表现为人类特有的感觉能力、思维能力、意志和体力。教育的任务是使人的创造才能和创造潜能都能结出丰硕的果实，这一目标比其他所有的目标都重要。每个人都具有创新的潜能，关键是是否意识到并有意识地培养的问题，因此，应该有意识地在大学生中树立创造可培养的观念和积极的创造价值观，从而使创造力的伟大价值深入到每个教育者和受教育者的心田，要使大学生都能认识到创造是人类文明之源泉，是创新世界之母，是人类赖以生存和发展之重要手段，是社会前进之动力，是个人成才之基础，创造力是生产力诸要素中最核心的要素。要引导大学生树立信心，自觉地将自己的创造潜能与学习及将来的事业结合起来。

4. 加大宣传，弘扬创新精神

学校有关部门应该在全校范围内大力宣传和弘扬创新精神、打造声势、营造氛围，帮助大学生提高对创新能力的正确认识，强化创新意识和观念，追求创新精神。

二、适宜大学生创业的社会环境

在鼓励全民创业的大背景下，青年创业者借“互联网＋”之势乘风破浪，离不开国家政策的倾斜。

（一）经济的发展需要创业

20世纪后半期，世界经济空前发展，技术革命风起云涌。近40多年来，信息科学、生物科学、材料科学、空间科学等前沿科学取得了前所未有的发展，尤其以信息科学为代表的新科学、新技术将人类的生产、生活带入了一个新的历史纪元，在世界范围内掀起了知识经济的浪潮。

在这样的时代中，要求每个有志于实现人生价值的人都应有创业的精神和创业的志向。不断进步的经济社会，人类积淀的科技成果和物质基础为人们开创事业提供了充分的物质保障。通信的发展使信息交流更为便利，交通的发展使人们的出行更加便捷，但要适应经济社会不断发展的要求，使自己从容地生活于这个不断进步的社会，就必须根据环境的要求和自身的特点进行一番创业活动。这既是社会进步对人的要求，也是人们自身发展的必然趋势。

（二）当今时代呼唤创业

纵观全球，在知识服务、现代服务和高新技术领域，大学生创业已经成为世界性趋势。

社会的创业活动越来越活跃，创业指数不断升高。在中国还有另外一个现象，18～24 岁的成年人在创业中一直保持着较高的比例，年轻化是中国创业活动的一个特点。同时，从社会性的创业活动来说，需要不断有新鲜的血液注入，创业者的素质需要不断地提高，队伍需要不断地壮大。在这方面，连续多年的扩招使高等教育发展的速度远远超过了社会经济发展的速度，加上我国的经济已经步入了低速增长阶段，就业机会大大减少。自改革开放以来，大多数用人单位已经储备和补充了一批同层次的人才，单位用人已经进入成熟稳定期，不会大量吸纳高校毕业生。

随着产业结构的调整与优化升级，用工质量的要求也会越来越高。当“毕业即失业”的危机出现在眼前的时候，“创业即就业”就成为一种必然的选择。

（三）产业结构的调整需要创业者

产业结构是指产业部门之间和产业部门内部相互间的关联和比例。

随着我国经济的发展和改革的逐步深入以及经济结构战略性调整的不断推进，产业结构的调整已加快了步伐。这意味着行业中原有投资主体退出，而新的投资者出现，新兴的行业将迅速崛起。新兴行业的出现和投资主体的多元化将推动一大批创业者形成与成长。

第三产业是投资少、见效快的投资领域，十分适合青年人投资。一般来说，创办一个企业必须有地点、人员、设备和资金，即人、财、物三个起码的要素。就地点而言，第三产业一般不需要占用太多的场地，而且对场地的选择要求也不太苛刻；就人员而言，不要求过高的专业技术知识，这样的劳动力相对而言价格低廉且极易找到；就物而言，第三产业的项目投资一般不大，所需资金有的仅几百元；就收益而言，第三产业的投资项目一般具有灵活新颖等优势，通过充分发挥自身小而精的特点，根据人们的需求灵活经营，加速资金的周转，自然获利也较大，创业成功的机会就比较多。

在大力发展第三产业方针的指导下，第三产业将蓬勃发展。为适应社会发展和产业结构调整的需要，就要有更多的人创办第三产业，为我国的改革发展注入新的活力。可以看出，迅速发展的社会不仅需要人们创业，呼唤人们创业，而且它也为创业者创造了前所未有的机遇和条件。

（四）知识经济时代需要大学生创业

世界正处于知识经济时代，高新技术产业的迅猛发展为高科技人员的创业提供了广阔的市场。在这个时代，新的产业部门将取代传统的产业部门，新的资源与新的资源配置方式也将出现。一些社会新型阶层必将兴起，知识的拥有者、控制者将打破传统的货币资本与实物资本的控制者对社会权力的垄断地位，成为新时代社会结构的核心和中坚力量。与此同时，社会财富也必将被新的知识创新型阶层所控制。一些新的就业方式和财富增长方式也必将出现，知识就业者、信息就业者、网络就业者、数字就业者将大量涌现。通过知识的生产、交换获取社会财富将成为财富积累的主要方式。这就出现了新型的财富观，即不以拥有的货币量和实物量作为测算财富的主要指标，而是以知识拥有量、市场化水平及更新速度作为财富的主要指标，无形资产成为财富的主要表现形式，财富已经成为一个知识资本化的动态概念。随着知识的资本化，知识资本家和知识资本运营家将成为时代新宠，成为社会发展与控制的主导力量。

人类社会的不断发展与进步的过程就是一个不断创新的过程。在以高新技术为支柱的知识经济时代，创新意识、创新精神、创新能力更是衡量新型人才的重要标志。大学生作为我国高素质国民群体之一，知识经济时代将为其提供更多的就业与创业机会。大学生要迎接知识经济的挑战，不仅要注重掌握学科前沿的最新知识，更要注重把自己培养成为创新人才。在知识经济时代，大学生通过科技创新在某一方面取得突破性的成果或者毕业后先进入某一行业就业，而后自己或与他人合作创办公司，在为自身创造就业机会的同时，也为社会和他人提供更多的就业机会。

时代的发展，社会的进步，高科技的创新，经济制度的变革，孕育了一个需要创业的时代。大学生要适应时代的发展要求，响应社会变革的召唤。每一个希望实现自己价值、发挥自己才能的大学生都应在这样一个时代的大舞台上一显身手，一展才华，开创一番事业。

第二节　创新创业必须具备的素质和能力

在创新创业过程中，人是第一要素，发挥着核心的作用。创新创业的过程艰辛而又漫长，要求大学生拥有强烈的创新创业精神、创新创业意识和良好的心理品质，这些都构成了创新创业必备的基本素质，也是开展创新创业实践活动所需要积蓄的能量。

一、创新创业应具备的素质

（一）创新素质

1. 创新意识

创新意识是指人们根据社会和个体生活发展的需要，引起创造前所未有的事物或观念的动机，并在创造活动中表现出的意向、愿望和设想。

创新意识是人类意识活动中的一种积极的、富有成果性的表现形式，是人们进行创造活动的出发点和内在动力，是创造性思维和创造力的前提。

创新意识包括创造兴趣、创造情感和创造意志。创造兴趣能促进创造活动的成功，是促使人们积极追求新奇事物的一种心理倾向；创造情感是引起、推进乃至完成创造的心理因素，具有正确的创造情感才能使创造成功；创造意志是在创造中克服困难，冲破阻碍的心理因素，创造意志具有目的性、顽强性和自制性。

创新意识与创造性思维不同，创新意识是引起创造性思维的前提和条件，创造性思维是创新意识的必然结果，二者之间具有密不可分的联系。

2. 创新动机

动机是在需要的基础上产生的，需要作为人的积极性的重要源泉，是激发人们进行各种活动的内部动力。动机的产生除了机体的某种需要外，诱因的存在也是一个重要条件。

创新动机是指引起和维持主体创新活动的内部心理过程，是形成和推动创新行为的内驱力，是产生创新行为的前提。创新主体的创新动机并不是单一的，而是多元的，这既与创新主体的价值取向有关，也与组织的文化背景、创新者的素质相关。

一般而言，创新动机的产生主要有以下几点。

（1）创新心理需求

创新心理需求是创新主体对某种创新目标的渴求或欲望，是对个人成就、自我价值、社会责任、企业责任等的追求而产生的，具体来说则是在各种创新刺激的作用下产生的。

（2）成就感

成就感是成功者获得成功时因为所取得的成就而产生的一种心理满足。许多创新主体进行创新的直接动机就是追求成就和获得成就感，创新工作取得了成功或者解决了难题，从中可以得到乐趣和心理满足。

（3）经济性动机

在现实的经济社会中，劳动依然是谋生的手段，创新主体首先要解决衣食住行等基本生存问题，因此不能排除创新主体因对收入报酬的追求和需要而产生创新的行动。

（4）责任心

创新主体在其工作范围内是一个责任人，要对其所做的工作负责。责任心包括社会责任心和企业责任心两种，这两种责任心会使创新主体在思想意识中产生一种使命意识，促使自己坚持不懈地努力，最终获得创新成功。

（5）勇气

创新仅有欲望、意识是不够的，还要有勇气。由于创新是一种怀疑、突破，也是一种挑战，结果可能成功，也可能失败。因此，要有充分的思想和心理准备，勇于承担因创新而带来的风险。

（二）创业素质

1. 创业精神

创业精神是创业的核心与灵魂，为创业实践提供精神动力和支撑。创业精神的基础是创新，创业者通过创新，将资源有效地整合、利用，并创造出新的经济或社会价值，创业精神所关注的重点在于“是否创造新的价值”。

尽管通常意义上的创业是以新创企业或组织的方式进行，但创业精神不一定只存在于新创企业或组织之中。对于一些成熟的企业或组织，只要创业者具备求新、求变、求发展的心态，以创新的方式为企业或组织创造价值，就具备了创业精神。

可以说，创业精神代表的是一种以创新为基础的思维方式，是一种发掘机会、组织资源、创造新价值的过程。因此，创业精神并不能仅仅停留在精神或心理层面，必须付诸行动，必须将创业观念与创业实践结合起来才会产生结果，创造出新的经济或社会价值。创业精神具有创新性、综合性、整体性、时代性、动态性和持久性等方面的特征，是时代精神的反映，是对创新创业型人才素质的要求。对创业者而言，需要树立自信、自主、自立、自强的创业精神，这是进行创业活动的灵魂和支柱，是开创新生活、追求幸福明天的精神信念。创业者必须拥有创业精神，才会有创业的要求和动机，才会有创业的意识和观念，才会有创业的动力和行为，也才会有创业的成果和收获。

2. 创业意识

创业意识是指在创业活动中创业者的个性意识倾向，包括创业需要、动机、兴趣、理想和世界观等要素。

创业意识集中表现了创业者的素质，支配着创业者的态度和行为，规定着创业的方向，具有较强的选择性和能动性，既是创业素质的重要组成部分，也是人们从事创业活动强大的内在驱动力。

创业作为一种社会实践活动，是在一定的意识和目的支配下进行的。创业意识包括资源意识、营销意识、管理意识、风险意识、形象意识和学习意识等几个方面。

（1）资源意识

创业需要各方面的资源，包括人力、财力、物力、信息等，这些都是构成创业活动的基石。创业者在创业过程中需要将有限的资源进行整合，包括：信息的收集、筛选、使用；人员的招聘、任用；财力、物力的分配和使用等。这些都需要详细地统筹规划，使之相互配合，发挥最大的功效。

（2）营销意识

盈利是创业最基本也是最重要的目的之一，对于从事企业经营的创业者，非常重要的工作就是把生产的产品或服务推销出去，并尽快使市场和消费顾客群认可。因此，营销意识对于创业的成功是非常重要的。

（3）管理意识

创业者往往是企业或组织的拥有者或管理者，而企业或组织的经营、运作和成长往往不是仅凭借个人的力量所能够实现的，需要树立管理意识，借助于组织、制度及文化等手段将创业资源有效地整合、配置，创造出产品或服务，满足市场或社会的需要。创业者必须将管理意识贯穿于创业活动的始终，充分调动和组织资源，以便成为成功的创业者。

（4）风险意识

创业是一种风险性很大的社会实践活动。因此，创业者在树立拼搏进取精神的同时，也要树立风险意识。

（5）形象意识

创业是一个长期的过程，也是一个由小到大、由弱到强的过程。为了确保企业或组织能够得到长足的发展，在经济利益得到满足的情况下，要尽可能地创造社会利益，承担社会责任，这就需要创业者具备一定的形象意识。

（6）学习意识

从事任何工作只有激情是不够的，还要学习。为了实现创业的梦想，需要创业者具有敢为天下先的精神，要勇于突破专业、职业、年龄、性别、环境等诸多条件的限制，以强烈的好奇心和求知欲涉猎不同领域的知识，不断学习、不断进步，为成功创业奠定理论基础。

3. 创业心理

创业之路总是充满着艰险与曲折，需要创业者具有非常强的心理调控能力，保持一种积极、沉稳、健康的心态。

创业心理是指对创业者在创业过程中的心理和行为起调节作用的个

性心理特征。创业心理与个人固有的气质、性格有密切的关系，反映了创业者的意志、情感和品质。

创业成功在很大程度上取决于创业者的创业心理。心理学家研究发现，成功的创业者往往具有一些不同于常人的共同心理特征，如成就需求、风险承担和控制倾向等。

（1）成就需求

具有强烈成就需求的人渴望将事情做得更为完美，获得更大的成功，他们追求的是在争取成功的过程中克服困难、解决难题，享受努力奋斗的乐趣及成功之后的个人成就感。

（2）风险承担

风险承担是指个体或组织在对未来无法预知的情况下开展创业活动的意愿，或者说在多大程度上愿意承担风险和容忍不确定性，这是创业者在创业过程中表现出的重要行为特征。创业过程需要承担一定的风险，包括高负债、大量资源投入、新产品或新市场的开拓及新技术的使用等，承担风险也意味着把握机会。

（3）控制倾向

控制倾向是人们相信自己控制人的程度，是自信的一种表现，也是许多创业者共有的特性。控制倾向与成就需求相一致，创业者倾向于具有高度的控制欲望，他们是生活中对事件、他人具有影响力的个人。控制倾向低的人感到自己的命运由外部力量和宿命决定，控制倾向高的人依赖自我。因此，控制倾向高的人具有较强的创业精神，更有可能成为成功的创业者。

二、创新创业应具备的能力

（一）创新能力

1. 创新能力的含义及特征

创新能力是指运用知识和理论，在各种实践活动中不断提供具有经济价值、社会价值、生态价值的新思想、新理论、新方法和新发明的能力。

创新能力有三个基本特征：其一，创新能力是有特定功能的生产力，创新能力的主要功能就是使作为生产力的主体和创造发明主体的劳动者想出新方法、制造新产品、创立新理论；其二，创新能力是人人皆有的一种能力，创造性思维能力及直觉、灵感等能力都来自人脑细胞，无论创新主体是个体还是群体，无论学历、知识和智商如何，都可以有所创新；其三，创新能力对于不同的人有强弱之分，由于遗传因素的影响，人的潜能素质存在个体差异，尤其是由于后天因素的影响，不同的人其创新能力的强弱也有所不同。

2. 创新能力的构成

创新能力既是人类大脑思维功能和社会实践能力的综合体现，也是人们进行创造性活动的心智能力与个性素质的总和。创新能力不仅与人们掌握的知识有关，还与人们的智力因素和非智力因素有关。其中，智力因素包含观察力、记忆力、想象力、直觉力、逻辑思维能力、辩证思维力、选择力、操作力、表达力等；非智力因素主要包含创造欲、求知欲、好奇心、进取心、自信心、意志力等。

（二）创业能力

1. 创业能力的内涵

什么是创业能力？创业能力是一种具有较高综合性的能力，创业者只有具备或不断地提高创业能力，才能在创业中取得成功。通常来说，创业能力的内涵主要包括以下几个方面。

（1）创业能力可以概括为能够影响创业实践活动效率，促使创业活动顺利进行，并能够创立和发展一项或多项事业的主体心理条件。

（2）创业能力与人的某些先天性格、气质有关，但主要来自后天的学习、锻炼，特别是要靠教育和培养来获得。

（3）创业能力既是具有较强综合性和创造性的心理机能，也是知识、经验、技能经过类比、概括而形成，并在创业的实践中表现出来的复杂而协调的行动能力。

2. 创业能力的类型

创业能力是一种特殊的能力，影响着创业活动的效率，决定着创业的成败。

创业能力一般包括领导决策能力、经营管理能力、专业技术能力、抵御风险能力及创新创造能力等。

(1) 领导决策能力

领导决策能力是创业者根据主、客观条件，确定创业的发展方向、目标、战略及具体选择实施方案的能力。创业者既是领导者，也是决策者，创业者的领导决策能力在创业实践中发挥着重要的作用。

正确的领导决策是保证创业活动顺利进行的前提，尤其是有关创业机会的识别和选择、创业团队的组建、创业资金的融通、发展战略的制定及运作模式的设计等重大决策，直接关系着对创业全局的驾驭和创业的成败。

(2) 经营管理能力

经营管理能力是对企业经营活动的组织、管理及运营能力。它涉及企业中人、财、物、信息等各项资源以及对这些资源的计划、组织、指挥、协调和控制的能力。

经营管理能力是一种较高层次的综合能力，是一种运筹性能力，是解决企业生存问题的第一要素。开展创业实践活动，出色的经营管理能力是创业者必备的能力之一，经营管理能力的形成要从会经营、懂管理、善用人、精理财和讲诚信等几个方面去努力。

(3) 专业技术能力

专业技术能力是创业者掌握和运用专业知识、组织产品生产或提供服务的能力。专业技术能力的形成具有很强的实践性，许多专业知识和专业技能需要在实践中摸索、提高，并逐步发展和完善。

创业者要重视创业过程中对专业技术知识的积累和技能的训练，加深对专业理论知识的理解，同时在实践中注意记录、分析、总结和归纳，形成有特色的创业经验，不断提高专业技术能力。

实践能力，需要在实践中学习、掌握，并有效运用。

创业过程中应妥善处理好各种社会关系，团结一切可以团结的力量，求同存异、共同发展，做到不失原则、灵活有度，善于巧妙地将原则性和灵活性结合起来。

（4）抵御风险能力

创业意味着风险，是对创业者心理素质的全面考验。在创业中，需要创业者有充分的心理准备来面对创业风险，抵御创业风险。创业者要确保企业或组织的运营机制、管理模式、制度文化等基本要素与发展目标保持一致，并且能够与时俱进。要紧贴政策导向，在合情、合理、合法的范围内，使得企业或组织在健康的社会环境中得以良性运转。

（5）创新创造能力

创新是知识经济的主旋律，是创业者化解外界风险和获取竞争优势的有效途径。创新创造能力包括两方面的含义：一是创造性思维的能力；二是创新实践的能力。

创新创造能力是一种综合能力，与人们的知识、技能、经验、心态等有着密切的关系。只有具有广博的知识、扎实的专业知识、熟练的专业技能、丰富的实践经验、良好的心态的人才容易形成创新创造能力，这取决于创新意识、智力、创造性思维和创造性想象等。

三、创新创业素质和能力的培养途径

（一）创新素质和能力的培养途径

创新素质和创新能力的培养途径是多方面的，但最为根本的途径就是创新教育和创新实践。借助于创新教育和创新实践可以培养大学生的创新意识、创新思维，发展大学生的创新个性，使大学生在牢固、系统地掌握学科知识的同时提高创新能力。大学生创新素质和能力的培养途径主要表现在以下几个方面。

1. 培养主体意识和心理品质

主体意识和心理品质是培养大学生创新素质和创新能力的基础。在实施创新教育和创新实践过程中，要充分发挥大学生的主体作用，唤起主体意识，培养主动精神。大学生在学习和实践过程中，要学会勤奋、耐心、诚实和严谨，能够独立思考、善于合作、尊重科学，要敢于质疑、冲破束缚，要对所学的学科产生好奇心和求知欲，在不懈地追求中形成良好的心理品质。

2. 激发创新欲望和创造热情

创新欲望和创造热情是培养大学生创新素质和创新能力的动力。因此，大学生在学习和实践过程中要善于敏锐地发现问题、大胆地设想问题；要用发展的眼光去看待这个世界，对同一个问题，从不同的方向探索，提出超乎寻常的见解和处理问题的方法。只有这样才可以冲破思维定式，闪烁出创新的火花。

3. 优化知识结构和创新思维

知识结构和创新思维是创新素质和创新能力的源泉。创新力和创造力来源于扎实的基础知识和创新思维方式，仅仅掌握单一的专业知识和思维方式是不够的。因此，在学习和实践过程中要依据自身特点和社会需求，建立一个合理的知识结构和科学的思维方法，在基础知识和专业知识的基础上学习一些提高创造力的课程，参加一些创造性思维的训练，掌握一些创造性思维的技法。通过不断地学习积累和实践磨炼，大学生的创新能力和水平会有显著的提高。

4. 重视实践训练和动手操作能力

实践训练和动手操作能力是把构想变为现实必不可少的途径。实践训练和动手操作能力不仅是验证和运用知识的过程，也是发展知识、提高认识的过程，通过有效的实践活动，可以弥补课堂教学的不足。因此，大学生要认真参加各种实验课程训练，最大限度地参与实践操作，积累丰富的感性材料，建立正确清晰的表象，并从中受到启发，产生联想和灵感。大学生实践活动中要充分展示自己的动手能力，发表自己的独特见解，展现自身的创新才能，体验创新的乐趣。

5. 参加社会实践和第二课堂

社会实践和第二课堂是培养创新素质和创新能力的重要舞台。这些活动是在比较开放的环境下进行的，可以使大学生自身具备的各种基本素质和潜能得到发挥，合作意识和组织能力得以加强。通过参加各种科技活动、学术讲座、学术沙龙、科技报告会及创新活动大赛等，能够激发大学生的创新意识，使他们产生创新动机，表现创造行动。

（二）创业素质和能力的培养途径

创业教育和创业实践活动是培养创业者素质和创业能力的有效途径。通过创业教育可以使大学生具备创业的基本知识、基本技能和心理品质；通过创业实践活动可以培养大学生敢于创新、勇于创业的精神，使其具有较强的适应能力与开拓能力，能够在复杂的环境下寻求职业发展机会。大学生创业素质与创业能力的培养途径主要有以下四个方面。

1. 积累丰富的文化知识

文化知识是培养大学生创业素质与创业能力的基础。任何素质和能力的形成和提高都是在掌握和运用知识的过程中完成的，创业素质与创业能力也不例外。大学生要充分利用各种学习的机会，了解、掌握必要的文化知识，要学会将学习、思考、实践结合起来，经过自己的消化、吸收转化为运用文化知识的手段和本领，进而为创业素质与创业能力的形成和提高打下坚实的基础。

2. 树立牢固的专业意识

专业意识是培养大学生创业素质与创业能力的前提。大学生创业通常是从创立小企业起步，小企业要在现代社会中得以生存，必须有专门的技术产品或服务项目。因此，大学生创业者一定要加强专业意识的培养，要精通与创业相关的专门知识和技能，并根据需要不断地吸收新技术、新知识。

3. 培养强烈的社会意识

社会意识是培养大学生创业素质与创业能力的保障。良好的社会意识包括与人协调合作、团队工作的意识和强烈的社会责任感及竞争意识、环境意识、质量意识、品牌意识、安全意识等，这是提高大学生创业素质与创业能力极其重要的保障。

4. 参加各类实践活动

参加实践活动是培养大学生创业素质与创业能力的途径。大学生参加社会实践活动，可以使自身具备的各种基本素质和潜能得到发挥，加强他们的领导能力、组织能力和合作意识。大学生应根据自身和专业的特点，积极参加各种社会实践活动，在确立目的、制订计划、选择方法、执行决定和开始行动的整个实践活动中提高创业素质与创业能力。

第三章　创新创业筹备研究

第一节　创新创业目标的明确

人类的实践活动离不开目标，创业活动亦是如此。所以，大学生一定要先明确自己的创新创业目标，有了目标才有可能成功。

一、大学生明确创新创业目标的意义

只有内容明确的创新创业目标才更具有指向、激励、凝聚和标尺的作用。首先，内容明确的创新创业目标具有指向作用，使创业的目的性、针对性更强。其次，内容明确的创新创业目标具有激励作用，能激发大学生创新创业者加倍努力，克服困难，为创业目标的实现而奋斗。再次，内容明确的创新创业目标具有凝聚作用，使参与创业的所有成员都能心往一处想，劲往一处使。最后，内容明确的创新创业目标具有标尺作用，即用已经制定好的目标去衡量和判断创业行为的成效。

二、大学生创新创业目标的确立

正如前文所言，有目标才会成功。那么，在成百上千个社会行业中，大学生要确立自己的目标，必须依据以下三个方面。

（一）社会需求

大学生要想在社会大舞台上获得创业的一席之地，就必须摒弃职业有贵贱的观念，使创业目标与社会需求保持一致。急社会发展之所急，供社会发展之所求，只有这样做，社会才能支持你的创业行为，认同你的创业成果。

（二）扬其所长

在确立创新创业目标时，大学生要依据自己的特长来进行。选己所长，对于大学生创新创业者而言是非常重要的，在创业初期，选择自己的优势领域更容易增强大学生创新创业者的信心，让大学生创新创业者更为得心应手。

要注意的是，大学生要以正确的态度来对自己的潜能进行全面的分析和最大限度的挖掘，正确认识自己的能力倾向及优势所在，既不能狂妄，也不能自卑。

（三）符合兴趣

兴趣是最好的动力。当大学生的创新创业目标与自己的兴趣相符合时，他会更主动地去探索、去实践。但要注意的是，人的兴趣并非绝对固定不变的。受多方面影响，有时确定的创业目标可能不完全符合自己的兴趣，此时，大学生就应当从与自己兴趣相近的职业中进行选择，并培养起自己的职业兴趣。

三、大学生创新创业目标的内容

所谓创新创业目标是指大学生创新创业者在创新创业的过程中努力争取达到的预期结果。一般来说，创新创业目标的内容主要包括干什么、怎么干、干的结果怎样等内容。

在对创新创业结果进行预测时，应将各种可能出现的创新创业结果考虑周全，同时，要有全面的心理准备和相应的对策，既要向最好处努力，也要做好最坏的打算。

四、大学生创新创业目标的论证

创业目标的论证是指依据一定的标准对目标进行分析、研究得出结论的过程。论证大学生创新创业目标，可以从以下两方面入手。

（一）大学生创新创业目标的论证标准

大学生创新创业目标的论证标准主要有两个，具体如下。

1. 科学性

科学性的核心内容是切合实际。创业目标切合实际，主要是指要切合社会需要实际，切合已经具备的和能够争取到的创业条件的实际，切合大学生创新创业者自身能力和兴趣的实际。这是非常重要的三个方面，任何一个方面脱离了实际，都可能导致创业失败。

2. 可行性

可行性的核心内容是能够付诸实践。任何好的创业目标都要通过实践才能变成现实，否则充其量只能算是纸上谈兵而已。所以，大学生对创业目标是否切合实际这一科学性问题论证之后，还需要进一步对可行性问题予以分析。

（二）大学生创新创业目标的论证方法

大学生创新创业目标的论证有多种方法，如向行家个别咨询、邀请他人一起讨论分析、自己去了解市场行情等。大学生在论证目标时，根据自己的实际情况和自己选择的项目来选择适合自己的方法，不必强求一律。不过，这项工作是创业决策的必要条件之一，大学生创新创业者应该花力气去做好。

第二节　创新创业项目与模式的选择

一、大学生创新创业项目的选择

大学生在进行创新创业之前需要选择好创新创业项目，这是创新创业成功的第一步。

（一）创新创业项目的分类

按照不同的标准，可以将创新创业项目划分为不同的类别。弄清楚创新创业项目的分类，是为了大学生创新创业者在选择项目时能有更清楚、更明确的选择目标，能更好地厘清创业思路，对创新创业项目作出准确的选择。

1. 按照产业角度划分

按照产业角度的不同，可以将创新创业项目划分为以下几种。

（1）第一产业类包括农业种植业、畜牧养殖业、水产养殖业、经济林种植业、果树种植业、种子培植业、休闲农业、观光养殖业等。

（2）第二产业类包括制造业、采掘业和矿业、建筑业、公用事业等。

（3）第三产业类包括运输业、旅游餐饮业、网络服务业、休闲娱乐业、信息咨询业、美容健身业、教育培训业、经营贸易业、包装储藏业、维修业、各类生产和生活服务业等。

2. 按照行业行为主体划分

按照行业行为主体的不同，可以将创新创业项目划分为以下几种。

（1）生产行业类包括农业、畜牧业、养殖业、渔业、采矿业、制造业、加工业、建筑业等。

（2）销售行业类包括衣、食、住、行、文化、科技、医卫等各类用品的商业流通行业。

（3）服务行业类包括旅游业、咨询业、租赁业、房地产管理业、餐饮业、酒店业、交通运输业、邮电通信业、金融保险业、广告业、信息服务业、中介服务业以及科教等服务业。

（二）创新创业项目的信息收集

大学生在进行创新创业项目选择之前要做好创新创业项目信息的收集工作，只有收集更多的创新创业项目以及相关的信息才能够作出选择，寻找到适合自己的创新创业项目。

1. 收集信息要敏感

信息无时不有，无处不在。对于所有人来说，获取或使用信息的机会都是均等的。每个个体对信息的敏感程度不同。敏感程度高的人善于小中见大、触类旁通、举一反三；敏感程度差的人则反应迟钝，见大不见小，心无“灵犀”自然“点”也不通。由此可见，收集信息首先要提高对信息的敏感程度，而提高敏感程度的关键是要转变观念，同时，不断拓宽知识面，锻炼和提高对信息的感知能力。

2. 要注意收集边缘信息

边缘信息是指那些表面上看起来与创业关系不大或者没有关系，而实际上却能够对创业起到间接作用，有时甚至是非常重要的间接作用的信息。对于这类信息创业者不能用孤立的、静止的眼光去看待，而要把它置于动态发展过程中进行分析。无数的事实告诉我们，许多边缘信息能够对经济发展、对创业过程产生较大影响。所以，在创业实践过程中，不能忽视对边缘信息的收集和利用，因为它很有可能增加创业的机会。

3. 要拓宽信息收集的途径

大学生可以通过以下几种渠道来收集创新创业项目信息。

(1) 从互联网中收集信息。互联网有大量的信息，是丰富的信息库。

(2) 从市场中收集。市场的需求是创新创业项目生存的根本，因此，可以密切关注市场变化，从中寻找创新创业项目。

(3) 从具有权威性的报刊中进行收集。权威性的报刊发布的信息具有一定的代表性，可以为大学生创新创业者提供一些参考。

(4) 从广播、电视节目中收集。广播、电视节目也会提供一些创新创业项目的相关信息，大学生创新创业者可以多留意。

(5) 从人际交往中收集。不同的人会有不同的熟悉领域，可以为大学生创新创业提供更多的信息。

(6) 从新出版的书籍中收集。思路可以拓展拓宽人们对原有事物的看法，从而提高人的创新意识。

(7) 从各种集体活动中收集。善于抓住这类信息，它会提供一些新的创新创业项目。

(三) 大学生选择创新创业项目应遵循的原则

大学生在选择创新创业项目时一定要遵循以下几条原则。

1．效益原则

大学生创业的目标一方面是为社会创造财富，另一方面也是为自己能够通过创业获得利益，从而过上更好的生活。所以，大学生在选择创新创业项目时一定要考虑效益原则。

2．市场原则

大学生在选择创新创业项目时一定要考虑市场的需求，尽量选择那些市场需求量大、具有广阔发展前景的创新创业项目。急市场之所急，供市场之所求，只有这样，市场才会支持你的创业行为，创业才可能取得成功。

3．优势利用原则

大学生在选择创新创业项目时应选择自己熟悉并拥有资源优势的项目，不盲目追求社会经济热点，以避免决策失误，浪费劳动和投资。不同行业因其性质、特点的不同，对大学生创新创业者的能力要求也不同，精于此而疏于彼的现象在日常生活中随处可见，因此，大学生创业时一定认清自己的能力倾向以及优势所在，力求与创业的具体要求相匹配。

4．符合国家产业政策原则

大学生在选择创新创业项目时，一定要选择国家政策鼓励、支持的项目，回避国家产业投资明确限制和压产的项目，同时还要考虑所选项目是否需要特别资格特许经营，自己是否具备相应资格或能力申请到相应的资格。

（四）大学生创新创业项目的选择方法

创业就是经营自己的事业，最终实现大学生创新创业者的目标。大学生创新创业者都希望自己的企业兴旺发达，从而实现自己的创业理想。概括而言，创新创业项目选择的方法主要有以下几种。

1．行业分析法

行业不同，行业的特征、经营要求、运行方法、运行原则也不相同。大学生创新创业者在选择创新创业项目时，如果看好某种行业，了解、分析和研究这个行业的操作方法、流程、技术、管理等都是非常有必要的。比如，生产行业中还有很多细小的生产行业，大学生创新创业者对具体的小行业同样需要进行考查分析。只有行业分析准确了，才能顺势而为。

2. 市场热点追踪法

市场是大学生创新创业者的生命。创新创业项目投资时要注意把握市场商机，寻找热点市场。市场经济的规律告诉人们，经济发展总有某个重点阶段，行业发展总有高潮和低谷，大众消费总有某个热点时段。所以大学生创新创业者开公司、开店，势必有一个热点时期、热点市场，这个时候如果创新创业项目做得早、下手准、抓得紧、控制好投资成本与规模，大学生创新创业者大都可以成功获利。

3. 销售利润分析法

利润，是指企业销售产品的收入扣除成本价格和税金之后的余额，它是企业一定时期内获得的经营成果，是商业行为追求的核心，也是创新创业项目投资考察的重点。只有不断获得利润，企业才有可能存活；只有获得更多的利润，企业才有可能成长、壮大。因此，选择创新创业项目时，大学生创新创业者要考虑自己将会获得的利润。但在创业之初，不一定要追求利润的最大化，也不适合选择这样的行业，大学生创业应该从小处入手。

4. 商业盲点寻找法

大学生创新创业者要善于从身边、从媒体信息或者自身爱好中发现商机要像猎犬一样，要具有十分敏锐的嗅觉，看到每一个角落存在的商机，发现别人不能看到的商业盲点，这样的创业往往能够取得成功。

5. 经营环境评估法

经营环境评估对选择创新创业项目十分重要，因为项目成功与否往往是由环境决定的。大学生创新创业者选择创新创业项目，首先要对这个项目所在的环境进行分析、研究和评估。小到企业生存的自然环境，大到社会环境，都要考虑进去，最好选择小环境优质、大环境优良的具有双重优势的环境进行创业，这样成功的概率就会大很多。

（五）预选创新创业项目的市场调研

在创业过程中，当预选好一个项目之后，接着就是要对此项目进行市场调研，收集、整理和分析相关的信息资料，为项目投资决策提供依据。

创新创业项目市场调研的内容主要包括以下几方面。

1. 对创新创业项目的市场需求状况进行调查

市场的需求情况将决定未来企业的生产经营状况。没有需求的创业是无源之水、无本之木，是无法做到生意兴隆、企业兴旺的。因此，大学生在决定选择创新创业项目之前，必须仔细调查研究该创新创业项目建成之后产品的市场需求情况。

2. 对项目的竞争状况进行调查

大学生在选择创新创业项目时还需要深入调查、了解、研究产品的市场竞争状况，要详细调查、了解在准备创业的地区和行业有无竞争对手，竞争态势如何；如果自己加入这一行业的竞争，竞争态势将如何发生变化；自己是否有能力采取应对措施以确保产品能够立于不败之地等。需要调查、了解的情况包括竞争对手的数量、经营状况、劳动效率、优势和弱点、竞争策略以及潜在的竞争对手等，还可以从先进入市场的企业的一些经济技术指标、人员培训方法、重要人才进出情况、新产品的开发计划等情报加以对比、借鉴和参考。

3. 对创新创业项目的外部环境进行调查

创业的外部环境是大学生创新创业者本身无法控制的外部因素，它对创业活动的作用在于它能为各种创业活动提供各种精神的或物质的条件，能从各个方面影响创业活动的进程，影响创业活动的成败。影响创业活动的外部因素主要包括经济环境、政策与法律环境、科技环境、文化环境等内容。外部因素极为复杂，各种因素对创业活动所起的作用又各不相同，并且在不同的客观条件下，这些因素又以不同的方式组合成不同的体系，发挥着不同的作用。

4. 对创新创业项目的效益进行预测

对创新创业项目的效益进行预测时，要重点进行价格调查。价格调查的内容主要包括建设厂房的总造价、为创办企业应缴的各种费用、产品的原材料价格、生产工人和管理人员的工资、产品的市场价格以及变动趋势等。

5. 对创新创业项目的现有资源及原材料进行调查

对于大学生创新创业者来说，项目产品的现有资源和原材料情况是必须了解和考虑的重要问题。只有具备充足的原材料，创业投资项目建成竣工并投入使用后，才能保证企业的正常运转，获取预期的收益。如果没有充足可靠的原材料，创业投资项目将很难取得预期的收益。对于大学生创新创业者来说，不仅要了解原材料情况，还应该掌握项目产品的现有资源情况。

二、大学生创新创业模式的选择

随着社会的飞速发展，大学生创新创业模式越来越多，而且每种模式都有其自身的优缺点。想在众多企业中闯出一片新天地，资金、能力、经验都有限的大学生创新创业者应根据自身特点，找准“落脚点”，选择适合自己的创新创业模式。一般来说，大学生创业主要有以下几种常见的模式。

（一）加盟创业

加盟创业是创业者以合同形式从盟主企业那里获得加盟店经销权或营业权，即只需支付一定的加盟费、利润比值等，就可以利用盟主的广告帮助、技术支持、管理支持及其现有市场。这种创业模式由于可复制，所以创业难度相对较低，而且加盟品牌是经过市场验证的，这就表示该品牌的商业模式是可行的，这大大降低了创业的风险，甚至有人将加盟称为创业者通往成功彼岸的“拐杖”。

（二）网络创业

在网络科技飞速发展的今天，为满足现代人的“宅”需求，网络购物已经成为现代人的生活常态。网络购物这种电子商务的发展为广大青年的网络创业提供了基础。网络创业的最大的优势就是创业成本较低、风险较小、方式灵活，创业门槛也不高，非常适合初涉商海的大学生创新创业者。进行网络创业有时所需的资源投入也许就是一台电脑＋ADSL＋虚拟主机＋一个小房间。

一般来说，网络创业的形式主要有网上开店、网络服务、网上加盟三种，大学生创新创业者可以选择适合自己的模式。

1. 网上开店

网上开店，顾名思义，就是自行在网上注册成立网络商店，销售自己选定的产品。随着新媒体、新应用的不断涌现，网上开店还拓展了更多、更宽的平台，如微信上的微店，利用朋友圈强大的人脉资源以及零成本的推广优势，现在正如火如荼地发展着。

2. 网络服务

所谓网络服务就是利用互联网强大的客户资源，通过为广大网民提供某种服务从而获得利益的经营模式。

3. 网上加盟

网上加盟是指利用某网站的货源和销售渠道以某个电子商务网站门店的形式开展经营。如经营者通过加盟淘宝网这一网上销售和服务平台，获取淘宝的销售渠道和客户资源。除了淘宝，现在很多大型电商都可以加盟开网店。

（三）兼职创业

所谓兼职创业是指在学习、工作之余利用日常积累的商业资源和人脉关系进行的创业。这一创业模式不仅不会影响学业，而且可以使大学生创新创业者利用业余时间积累创业经验，逐步实现从学生向老板的转变，非常适合有创业梦想的大学生。

需要注意的是，兼职创业如果能借助大学生创新创业者所学专业知识或其他优势资源，定会收到事半功倍的效果。

所谓团队创业是指大学生创新创业者组建一个优秀的创业团队，团队成员往往在研发、技术、市场、融资等各方面能够实现优势互补。所谓众人拾柴火焰高，汇集群体的智慧和力量更容易获得创业的成功。

（四）创业大赛

创业大赛提供给大学生创新创业者一个展示的平台，它一般要求参赛者能够组建一个优势互补的竞赛团队，提出一项具有市场前景的技术产品或服务，并且围绕这一产品或服务，以获得最终的风险投资为目的，完成一份完整、务实、科学、具体、深入的创业计划书，计划书中必须包括企业概述、业务与业务展望、风险因素、投资回报与退出策略、组织管理、财务预测等方面的内容。

通过参加创业大赛，很多大学生全面了解了创新创业者所必须具备的知识和技能体系，锻炼了自己的组织能力和协调能力，提升了自己的综合素质，并结识了志同道合的合作伙伴，可以共同开辟新的事业，也有一些创业者通过参加大赛获得了奖金或赢得风险投资等，最终成功创业。

（五）内部创业

“内部创业是指一些有创业意向的员工在企业的支持下，承担企业内部某些业务或项目，并由员工与企业共同承担创业风险，并与企业分享成果的创业模式。”内部创业是一种新兴的创业模式，对于已经创业或者就业的大学生而言，可以充分利用企业已有的丰富的各项创业资源进行创业，无需自己再次付出投资。内部创业具有成本低、风险小等优势，已经在很多世界著名的企业内部取得成功的案例有很多，日益成为颇受创业者青睐的创业模式。

（六）公益创业

“公益创业，指在社会使命的激发下，个人或社会组织追求创新、效率和社会利益的创业活动，个体具有的社会归属感及自我效能感较高。”与传统的办企业、开公司的创业模式不同，公益创业是以社会公益为导向，进入门槛低，兼具经济效益与社会效益的创业，这为大学生创业提供了新思路和新视角。

（七）创意创业

所谓创意创业就是凭借创意、电子、想法开创的创业活动，这是非常适合本身没有很多资源的大学生创新创业者的一种创业模式。创意创业虽然对资源没有太高要求，但对创意却有着极高的要求，创意必须独特、新颖，在打算进入的行业或领域是个创举，要能够让人眼前一亮，而且具有可操作性，只有这样，才能抢占市场先机、吸引风险投资商的眼球，获得各种资源。

一般来说，创意创业具有三大模式，大学生创新创业者可以根据自己的实际情况来选择。

1. 问题解决型

每个人在日常生活中都会碰到或大或小的恼人问题，如果大学生创业者能够一针见血地抓住问题所在，并且脑筋急转弯，想出解决问题的办法，就能成功实现创新创业。

2. 异业复制型

创业成功者未必都是新领域中第一个“吃螃蟹”的人，有时他们的创业想法来自成熟领域，只是在某些方面进行了创新。异业复制的好处是有范本可循，但不同行业的经营模式能否移花接木得浑然天成，则是对大学生创新创业者智慧的考验。

3. 异想天开型

异想天开中蕴藏着诸多的成功机会，奇特的创意有时也能成为一种创业资本，有着剑走偏锋的神奇作用，而那些坚持下来并积极把想法转化成实际的大学生，往往有着抢占先机的优势。

第三节　创新创业计划书的撰写

一、大学生创新创业计划书

一份完整的大学生创新创业计划书，通常来说应包括以下几方面内容。

（一）封面

对于一份大学生创新创业计划书来说，封面是客户、投资者等最先接触到的，因而在设计时要做到美观，以使其对客户、投资者等产生最佳的视觉冲击。与此同时，封面在设计时也要兼顾内容，将创业企业的名称、性质、地点以及创办者的姓名、联系电话、电子邮箱等明确列出，不可有文字上的错误。

（二）计划摘要

1. 计划摘要的重要性

在大学生创新创业计划书中，计划摘要是最精干的一个部分，也是创新创业项目实施过程中最重要的部分。同时，计划摘要将大学生创新创业计划书的精华都浓缩在一起，也将大学生创新创业计划书的要点都体现了出来，因而能够使客户、投资者等一目了然，促使其以最短的时间对大学生的创新创业计划进行最全面的审视与判断。

2. 计划摘要的具体内容

大学生创新创业计划书应有一份完整的计划摘要，而一份完整的计划摘要应包括以下内容。

（1）企业的宗旨、理念、精神和作风。

（2）企业的基本情况。

（3）企业各方面的能力。

（4）企业的市场状况与竞争状况。

（5）企业的营销战略。

（6）企业的财务战略。

（7）企业的管理团队。

（8）企业在实施创新创业项目后能够获得的大概投资回报。

（9）企业的发展前景。

（三）企业概况

在大学生创新创业计划书中，企业概况就是对企业过去的发展历史、现在的基本情况以及未来的发展规划进行介绍。具体来说，企业概况应该包括以下几方面的内容。

1. 企业简介

企业的简介具体应包括企业的名称、企业的法律形式、企业的注册地点、企业的法人代表、企业的经营场所以及企业的注册资本等内容。

2. 企业目标

通常来说，企业的目标范围很广，企业的性质、财务目标、经营理念、企业形象以及企业文化等囊括其中。因此，在对企业的目标进行描述时特别关注以下几点。

(1) 企业产品或服务的属性与特性。

(2) 企业产品的质量与价格定位。

(3) 企业服务的内容与价格定位。

(4) 企业与顾客之间的关系。

(5) 企业的管理风格。

(6) 企业与整个产业的关系。

(7) 企业领导与员工之间的关系以及企业的人员管理目标。

(8) 企业的盈利目标。

3. 企业战略

企业要想获得竞争优势，必须有一套优秀的战略。所谓战略就是在资源的基础上对未来方向的总体构想进行描述，它对企业的资源配置以及企业的未来成长轨道起着决定性作用。

在这里，需要对企业战略与企业定位进行一下区分。所谓企业定位就是对企业的市场、产品或服务的定位，它包含在企业战略之中，是企业战略的一个重要组成部分。

4. 企业发展阶段

对于很多投资者来说，对企业经历了哪些主要的发展阶段、已经取得了哪些进展或成绩以及目前的发展程度是其非常关心的。因此，在大学生创新创业计划书中，要对与企业的发展阶段相关的内容进行详细介绍。而通常来说，企业的发展阶段应具体包括以下几方面的基本情况。

（1）企业的创立时间以及企业创立时的情况。

（2）企业早期的发展情况。

（3）企业在稳定发展期的情况。

（4）企业在快速扩张期的情况。

（四）企业的产品或服务

1. 企业的产品或服务的重要性

在大学生创新创业计划书中，企业的产品或服务是最为核心的一项内容。大学生创新创业者只有对产品或服务进行准确、详细且通俗易懂的介绍，才能使客户、投资者等真正明白企业到底是做什么的以及企业的产品或服务具有什么样的价值。

2. 企业的产品或服务的内容

在对企业的产品或服务进行介绍时，要具体包括以下几方面的内容。

（1）企业的产品或服务能带给顾客哪些好处，能帮助顾客解决哪些问题。

（2）企业对新产品或服务的发展有哪些计划，会采用何种方式对产品或服务的质量和性能进行改进。

（3）企业的产品或服务与竞争对手的产品或服务相比，独创性以及优缺点是什么。

（4）企业的产品或服务被顾客选择的原因是什么。

（5）企业会运用何种方式对产品或服务进行宣传，以吸引更好的顾客。

（6）企业的产品或服务的定价可以使企业产生足够利润的原因是什么。

（7）企业通过哪些措施对自己的产品或服务进行保护。

(8) 企业拥有的专利和许可证有哪些，以及企业与已申请专利的厂家达成了怎样的协议。

(9) 企业所选择的产品或服务在目前的市场中处于怎样的阶段。

(五) 企业的市场分析

在大学生创新创业计划书中，企业的市场分析应具体包括以下几方面的内容。

1. 进行市场预测

进行市场预测，也就是总体预测企业的产品或服务的市场概况。当企业要对新产品进行开发或是向新的市场进行拓展时，首先要做的就是进行市场预测。在此基础上，企业才能决定是否要开发新产品或拓展新市场，投资者才能决定是否要进行投资。因此，在大学生创新创业计划书中写明市场预测是十分有必要的。

在进行具体的市场预测时，要从预测市场的需求和预测市场的竞争状况（在大学生创新创业计划书中，可以将其放到“企业的竞争分析”这一部分内容中）两方面着手。其中，预测市场的需求包括市场对这种产品或服务是否存在需求、需求的程度是否能够使企业获得期望的利益、需求的影响因素以及需求未来的发展趋势等。

2. 明确目标市场

企业打算进入的市场，便是目标市场。“企业在对整体市场进行细分之后，要对各细分市场进行评估，然后根据细分市场的市场潜力、竞争状况、本企业资源条件等多种因素决定把哪一个或哪几个细分市场作为目标市场。”

(六) 企业的竞争分析

所谓竞争分析就是大学生创新创业者要对市场的竞争情况以及未来竞争的趋势有较为清晰的了解。

1. 企业竞争分析的重要性

在大学生创新创业计划书中，大学生创新创业者通过“企业的竞争分析”这一部分内容，可以向投资者展示自己的企业与其他竞争企业相比所具有的竞争优势，进而使投资者意识到自己的企业虽然刚刚起步，但经过一段时间的发展肯定能够成为本行业在目标市场的有力竞争者，甚至是领导者。这样，创业企业获得投资者投资的概率便会大大增加。

2．企业竞争分析的内容

在大学生创新创业计划书中，企业的竞争分析这一部分应具体包括以下几方面的内容。

（1）企业在目标市场中有哪些竞争者。

（2）企业的产品或服务是否在目标市场中存在有力的空当。

（3）企业预计的产品或服务的市场占有率是多少。

（4）企业进入市场会使竞争者产生怎样的反应以及竞争者的反应会给企业带来怎样的影响。

（5）企业以及企业的产品或服务的竞争优劣势是什么以及企业会如何更加充分地对优势进行发挥并保持、对劣势进行弥补。

（七）企业的管理人员与组织结构

对于大学生创新创业者来说，其创业计划要想吸引投资者的注意，仅有产品或服务是不够的，还需要有一支强有力的管理队伍，有一个合理的企业组织结构。因此，在大学生创新创业计划书中对企业的管理人员与组织结构进行明确是非常重要的。

1．企业的管理人员

企业管理得好坏，与企业经营风险的大小有着直接的关系，因而对于大学生创新创业者来说，管理好企业是非常重要的，而企业能否管理好，在很大程度上取决于企业是否有高素质的管理人员。一般来说，企业的管理人员应该具有良好的团队精神，而且能够互补。

2．企业的组织结构

企业管理得好坏，与企业的组织结构也有着十分密切的关系。因此，在大学生创新创业计划书中简要介绍企业的组织结构也是非常有必要的。具体来说，应包括以下几方面的基本情况。

（1）企业管理机构的主要情况，包括股东情况、董事情况、各部门的构成情况等。这一部分的内容，最好通过一览表的形式清晰地展现出来。

（2）企业管理团队的主要情况，包括企业的股东及所占股权、企业的董事、企业管理人员的薪酬与权力分配情况、企业的高级职员、企业的关键职员等。在某些必要的情况下，可以对这些人员的背景及经历进行详细的介绍。

（3）企业管理团队的战斗力和独特性，主要是企业管理人员所具有的素质、能力与职业道德等。

（八）企业的财务计划

在大学生创新创业计划书中，要尽可能细致、准确、不漏项、不低算、不高估地对企业的财务计划进行描述，并要具体包括以下几方面的内容。

（1）企业共需要多少资金以及何时需要这些资金。

（2）企业的财务预算，设计建设厂房的总造价、生产设备的总投资、创业产品的原材料价格、为创办企业应缴的各种费用、生产工人和管理人员的工资、生产流动资金等。

（3）企业需要的流动资金。对于企业来说，流动资金就是生命，因而在初创或扩张时必须合理地计划、严格地控制流动资金。

（4）企业的损益表，主要用来对企业在一段时间的运作后的盈利状况进行明确。

（5）企业的资产负债表，主要是通过资产负债表中的比率指标来衡量企业的经营状况和投资回报率。

（九）企业的营销策略

1. 企业营销策略的重要性

对于创业企业来说，要想在企业以及产品或服务的知名度都较低的情况下进入其他企业已经稳定的销售渠道中去，必须有一定的影响策略。而且，投资者通过企业的营销策略，可以看出企业是否有较大的发展潜力，进而决定是否对企业进行投资。因此，在大学生创新创业计划书中，企业的营销策略这一部分内容是不能被忽略的。

2. 企业营销策略的影响因素

企业在制定自己的营销策略时，往往会受到以下几方面因素的影响。

（1）企业的自身状况。

（2）企业的产品或服务的特性。

（3）企业所面临的市场环境。

（4）企业的营销成本与营销效益。

（5）企业目标消费者的特点。

3. 企业营销策略的具体内容

大学生创新创业计划书中的企业营销策略具体应包括以下四个方面的内容。

（1）企业选择的市场机构与营销渠道。

（2）企业的营销队伍与营销队伍管理。

（3）企业的价格决策。

（4）企业的广告策略与促销计划。

（十）企业的风险分析

1. 企业风险分析的重要性

创业是有风险的。对于创业企业来说，其面临的风险通常有市场风险、技术风险、财务风险、管理风险以及其他不可预见的风险。虽然风险投资有着很高的风险，但风险投资家仍希望通过具体的企业风险分析来明确大致的投资风险，进而决定是否进行投资。

2. 企业风险分析的内容

在大学生创新创业计划书中，企业的风险分析这一部分应具体包括以下几方面的内容。

（1）企业可能面临的风险以及风险的大小。

（2）企业会采用何种措施、手段来预防或降低可能面临的风险。

（十一）风险投资的退出计划

风险投资的退出计划是投资者最关心的内容，简言之，就是“如何把投资者的投资以金钱的形式归还给他们”。因此，在大学生创新创业计划书中，必须明确描述风险投资的退出计划。

对于大学生创新创业者来说，可以根据自身的实际情况制订各种各样的风险投资的退出计划。但通常来说，投资者只对下面几种风险投资的退出计划感兴趣。

1. 股票上市

创业企业在未来公开上市、进入股票交易市场后，投资者便可以将自己所持的股票在股市进行出售，进而获得实际利润。获得实际利润之后，投资者可以再对其他企业进行投资，从而实现自己的资金积累计划。

2. 股权转让

股权转让是指投资者将手中的股份在适当的时候转让给其他的投资者。

3. 企业收回股权

所谓企业收回股权，就是被投资的企业在经过一段时间的发展而具备了一定的经济实力后，将投资者的股权回收过来，这也是投资者的风险投资得以退出的一种重要方式。

4. 企业被收购

所谓企业被收购就是创业企业在无法上市的情况下，被其他企业收购，从而使投资者在出售企业的同时出售股票。对于投资者而言，这一获利方式与股票上市相似。

5. 与其他企业合并

对于投资者来说，这种获利方式与企业被收购的获利方式是相似的，投资者可以在交易过程中将手中的股票出售给新的企业。

二、大学生创新创业计划书的特征

大学生创新创业计划书有着自身的特征，具体来说有以下几个特征。

（一）创新性

创新性是大学生创新创业计划书最为鲜明的特点，而大学生创新创业计划书的创新性主要是通过以下两个方面表现和反映出来的。

首先，大学生创新创业计划书中的企业构思是新项目、新技术、新材料、新的营销模式。

其次，大学生创新创业计划书中的企业构思通过一种开拓性的商业模式变成现实。

（二）可操作性

在大学生创新创业计划书中呈现的商业模式必须具有可操作性。只有这样，大学生创新创业计划书中预测的价值才有可能实现，也才可能将预测的价值转变为现实的价值。

（三）客观性

在大学生创新创业计划书中，创业设想以及商业模式的提出都是以大量且充分的市场调研和客观分析为前提的，从而具有了实战性和可操作性，这是大学生创新创业计划书的客观性最为突出的表现。

（四）完整性

大学生创新创业计划书要想吸引投资者的关注，必须有完整的内容框架、合理的前后假设和逻辑、真实的内容以及有事实依据的预测等。

三、撰写大学生创新创业计划书应遵循的原则

在撰写大学生创新创业计划书时，通常需要遵循一定的原则，具体来说有以下几个原则。

（一）以市场为导向原则

要切实以市场为导向，充分认识到市场的需求是企业利润的重要来源，还要对企业的目标市场进行明确。一份没有依据明确的市场需求分析而撰写的大学生创新创业计划书，是空泛的，不具有说服力。

（二）体现竞争优势与投资利益原则

要注意将自己的竞争优势具体地呈现出来，并对投资的利益所在进行明确。同时，在撰写时要注意重点陈述并分析投资者的关注要点，使自己的大学生创新创业计划书能够在众多创新创业者提交的大学生创新创业计划书中脱颖而出，获得投资者的青睐。

（三）符合客观实际原则

通常情况下，大学生创新创业者容易对市场的潜力或报酬进行高估，对企业的经营成本进行低估。这些不准确甚至不正确的数据如果出现在大学生创新创业计划书中，将会给大学生创新创业者的创业实践带来严重的不良后果。因此，在撰写计划书时，必须保证所有的数据都不是主观估计的，而是与客观实际尽可能符合的。

（四）明确机会与威胁原则

要明确指出企业所面对的市场机会以及所面临的竞争威胁，并尽量用具体的材料进行证明。同时，要对可能的解决方法进行分析，并配以相应的事实，以便为解决创业中可能出现的问题提供相应的思路。

（五）完整性原则

应尽可能地将企业经营的各项职能要点都完整地包括进来，同时要尽可能地将投资者进行投资风险评估所需的各种信息以及参考佐证的资料都呈现出来，以便为之后的创业计划实施奠定基础。

（六）呈现经营能力原则

要尽量将企业的经营管理能力呈现出来，以表明企业已对市场、产品、技术以及未来的经营运作策略有良好的准备。

（七）简洁性原则

应尽可能做到用词准确、简单明白。

（八）一致性原则

要切实保证计划书具有合理的前后逻辑。也就是说，出现在大学生创新创业计划书中的前后假设以及预测估算等必须是一致的。

（九）便于操作原则

要切实保证其具有较强的可操作性，以便实施。

四、大学生创新创业计划书的撰写要点

在撰写大学生创新创业计划书时，涉及的内容有很多，但有几个要点是必须有的，具体如下。

（一）创业名称

通常来说，创业名称既可以是创新创业项目的名字，也可以是创办的企业的名字。而且，创业名称既要有丰富的内涵，能够体现创业的属性和内容，又要形象直观、简洁明了、好记易懂，能够吸引人。

（二）创业可行性论证

创业只有具有可行性，才可能富有前景。因此，在撰写大学生创新创业计划书时，要注意对市场、投资收益、政策环境以及风险等进行客观、合理、科学的可行性分析。

（三）创业运作方案

在撰写大学生创新创业计划书时，必须有具体的行动计划，以便将其切实付诸实践。也就是说，大学生创新创业计划书中必须明确列出创业运作方案，包括企业组织生产的方式、企业将产品推向市场的方式、企业经营管理的方式以及企业对进一步发展的设想。

（四）创业投资报酬分析

对于大学生创新创业者来说，创业的一个重要目的就是获得较高的回报。因此，在撰写大学生创新创业计划书时，必须对创业投资的报酬进行详细分析。

五、大学生创新创业计划书的撰写步骤

撰写大学生创新创业计划书时需要遵循一定的步骤。具体来说，要经过以下几个阶段。

（一）准备阶段

在撰写大学生创新创业计划书时，通常会涉及非常多的内容，这就需要在撰写之前做好准备工作，进行周密的安排。具体来说，需要做好以下几方面的工作：一是确定创业计划的总体框架；二是确定创业计划的目的与宗旨；三是确定创业计划撰写的日程安排与人员分工。

（二）收集资料阶段

在大学生创新创业计划书撰写的资料收集阶段，要注意在创业计划总体框架的指导下，针对创业的目的与宗旨搜集各种内外部资料。

1. 资料收集的内容

通常来说，撰写计划书需要收集的资料主要包括以下几个方面的内容。

（1）创业企业所在行业的发展趋势。

（2）创业企业选择的产品或服务的市场信息。

（3）创业企业的产品或服务的测试和实验资料（生产类企业）。

（4）创业企业竞争对手的相关信息。

（5）与创业企业同类的企业组织机构状况。

（6）创业企业所在行业的利润状况。

2. 资料收集的方法

在收集撰写大学生创新创业计划书需要的资料时，可具体通过实地调查和收集二手资料这两种方法。

（1）实地调查

通过实地调查，可以得到创业所需的一手真实资料，但通常会耗费大量的时间和金钱。

（2）收集二手资料

收集二手资料是一种非常简便和容易的方法，但是可靠性相对较差。

对于大学生创新创业者来说，可以根据自身的条件灵活地选择上述两种资料的收集方法，也可以将二者结合起来使用。

（三）初步撰写阶段

在大学生初步撰写创新创业计划书阶段，要做好以下几方面的工作。

1. 拟定创业执行纲要

创业执行纲要，也就是创业各项目的概要。拟定创业执行纲要，对进行具体的撰写具有重要的指导作用。

2. 草拟初步计划书

详细地编写创业企业的市场竞争及销售、组织与管理、技术与工艺、财务计划、融资方案以及风险分析等内容，进而初步形成较为完整的创业计划方案。

（四）修改阶段

大学生创新创业者在计划书的修改阶段，主要是通过广泛地调查创业计划和征求多方意见，对计划书中的初步内容进行相应的修改与完善，以形成一份较为满意的创业计划方案。

（五）定稿阶段

大学生创新创业计划书撰写的定稿阶段，也就是计划书的正式完成阶段。在这一阶段，主要的任务是将撰写好的计划书印制成正式的创业计划文本。

六、大学生创新创业计划书的撰写方法

作为创业实施规划方案的大学生创新创业计划书，在进行具体的撰写时要保证将创新创业项目的前景及收益水平、创新创业项目的可行性

和可操作性等充分地展现出来。为此，在撰写时可具体采用以下方法。

（1）制订好撰写工作计划，以保证撰写能够有条不紊地进行；

（2）以创业企业的产品或服务为核心展开撰写，并经常评估产品或服务的创业价值；

（3）要积极寻求同行、专家等外部的有关人员参与到计划书的撰写中，以保证其科学性、客观性和可行性；

（4）要切实依据不断完善的创业计划撰写计划书；

（5）要以创业计划的目标读者为依据，设置计划项目的不同侧重点。通常来说，风险投资商主要关注的是创业企业是否能够不断扩大市场、增加盈利；战略伙伴与主要客户主要关心的是产品或服务的市场、盈利状况以及创业企业的管理团队所具有的运作能力；管理队伍和主要雇员主要关注的是创业企业过去的成就以及创业企业今后的发展前景。

七、撰写大学生创新创业计划书的注意事项

在撰写大学生创新创业计划书时，要特别注意以下几个事项。

（一）要注意简洁明了

即不需要详细描述、分析和说明的内容绝不啰唆。当然，在注意简洁明了的同时，也要保证重点突出、主旨明确、详略得当。

（二）要注意突出重点

不同的大学生创新创业者有着不同的创业计划，因而撰写的计划书也会有所差异。但是，无论是怎样的创新创业计划书，在撰写的过程中都需要突出重点，将自己创新创业项目的独特优势及竞争力展现出来。

（三）要注意时效性

大学生创新创业者的创业计划会因各种内外部因素的影响而发生一定的变化，因此撰写创新创业计划书时要注意与最终的创业计划相符合。同时，要注意所用资料的时效性，以确保最终完成的创业计划具有较高的实用价值。

（四）要注意实事求是

一定要保证所有的内容都是真实的、可靠的，没有任何夸大、虚假的成分。只有这样，大学生创新创业计划书才能获得认可，在具体实施创业计划时也才能真正有所依凭。

（五）要注意层次分明、条理清晰

保证层次分明、条理清晰，才能使大学生创新创业计划书更好地为客户、投资者等所理解，进而获得他们的认可，也因此才可得到自己想要的结果。

（六）要注意检查

通过检查，可以明确计划书中是否对投资者的疑问进行了明确且准确的解答，也可以发现计划书中的错误并进行改正。这样，计划书受到投资者青睐的可能性便会大大增加。

第四节　创新创业对企业法律形式的选择

选择企业法律形式是创办新企业的第一个环节，如果企业法律形式选择得不合适，创业就带有盲目性，创业目标也就很难实现。因此，大学生创新创业者在创办新企业时一定要以自身的实际情况为依据，选择适合自己的企业法律形式。

一、企业法律形式的种类

通常来说，大学生在创业过程中可以选择的企业法律形式有个体工商户、个人独资企业、合伙企业、有限责任公司和股份有限公司等，每一种企业法律形式都有其各自的优缺点，详见表3－1。

表 3—1　各类企业法律形式的优缺点

企业的法律形式	具体要求	优点	缺点
个体工商户	资本是个人财产（或者家庭财产），依法核准登记，人数一般不多于八人	注册费用低，手续简单	经营规模小
		对注册资金没有最低限额要求	管理不规范，发展速度较慢
		税收负担轻	信誉较低
个人独资企业	一人（只能是中国公民）投资经营的企业，其投资者是对企业债务承担责任的企业法人，必须有合法的名称、固定的生产经营场所、必要的生产经营条件和作业人员，经工商行政管理部门登记取得经营主体资格，其财产为投资个人所有	注册手续简单，费用低，注册资金随意	个人理性有限，决策风险高
		产权、利润独享	信贷信誉低，融资困难
		决策自主	难以形成优秀的管理团队
		税收负担较轻	无限责任，风险独立承担
合伙企业	由两个以上的投资人（包括自然人、法人、其他组织）通过订立合伙协议，共同投资设立，合伙人按照企业的性质及合伙协议的约定处理合伙事务、承担企业债务的经营实体，而合伙人依法承担无限责任	注册手续简便，费用低	内部协调费用增大，易内耗
		个人出资比例小	产权关系复杂，容易引起利益纠纷
		资本来源渠道多样化，融资难度降低	合伙人财产转让困难
		容易形成团队优势	决策过程复杂化
		集中决策，风险共担	一旦某个合伙人经营失误，所有合伙人都会被连累
		税收较低	
有限责任公司	由两个以上、五十个以下的股东共同出资，每个股东以其所认缴的出资额对公司承担有限责任，公司以其全部资产对其债务承担责任	设立程序简便	人数有限，不利于资本大量集中
		公司秘密不易泄露	资本流动性差
		便于股东对公司的监控	股东股权的转让受到严格的限制，不利于用股权转让的方式规避风险
		股权集中，有利于增强股东的责任心	

二、大学生创新企业法律形式选择的影响因素

大学生在创业过程中选择企业法律形式时，应当结合自身的情况，从以下几种因素入手来选择企业法律形式。

（一）单干还是合作

大学生创新创业者是要单干还是找合作伙伴一起创业，这关系到创业发展的命运。单干与合作都有各自的利弊，大学生创新创业者要对其有清晰的认识，根据自己的实际情况来选择。

（二）创业资金的多少

作为企业的生命线，资金的多少对企业法律形式的选择有着重要的影响。大学生创新创业者要根据自己筹备的创业资金的多少来选择企业法律形式。一般来说，在我国，个体工商户、个人独资企业以及合伙制企业的创业资金没有最低限额要求；有限责任公司的注册资本以 3 万元为最低限额；股份有限公司的注册资本以 500 万元为最低限额。

（三）创业风险的大小

不同的创业项目有着不同的风险，大学生创新创业者应对自己选择的创业项目进行合理的评估，如果创业风险较小，可以选择承担无限责任的创业形式；如果创业风险较大，宜选择仅承担有限责任的创业形式。

（四）所选创业项目的行业特点

行业特点对于选择企业法律形式也会产生影响，如交通运输业、文化体育业、医疗服务业、金融保险业、高校后勤服务业等服务行业的营业税有税收优惠，因此，大学生创新创业者要根据创业项目的特点来考虑创业项目的组织形式。

（五）是否有利于长远的创业规划

创业形式的选择还受该创业形式是否有利于长远的创业规划的影响。为了促进企业做大做强，大学生创新创业者所选择的企业法律形式应当具有充分的发展空间，有利于吸引新的股东、资金、人才、技术等，而在这些方面，个体工商户、个人独资企业等企业法律形式要稍逊于有限合伙企业、有限责任公司、股份有限公司等企业法律形式。

三、创业组织的法律风险及应对措施

(一)以法人的形式作为创业组织的法律风险及应对措施

1. 瑕疵出资的法律风险

有限责任公司实行注册资本认缴制，并允许股东以实物出资。大学生创设有限责任公司过程中，若存在一方或多方以实物出资的情况，很有可能因为错误估计了实物的实际价值导致实际的出资额并不足以填平当时认缴的出资额；若存在股东对于已经缴纳的出资，经过验资之后未经过其他法定程序又将其出资抽回的情况的会导致发生抽逃出资的法律风险。当公司发生资不抵债时，作为股东的其他人需要在瑕疵出资股东出资不足的范围内对公司的债务承担连带责任，瑕疵出资股东不但要在出资不实的范围内对公司债务承担责任，还可能需要对其他股东承担违约责任。对于抽逃出资的股东而言，情节严重的，还可能会被追究刑事责任。

2. 个人财产与公司财产混同的法律风险

有限责任公司的股东以其认缴的出资额为限对公司债务承担有限责任。但如果出现个人财产与公司财产混同的情形，将会突破有限责任的承担方式，这时股东可能需对公司的债务承担连带责任。特别是一人有限公司，由于股东只有一个人，没有过多约束，个人账户和公司账户极容易发生混同。容易出现使用公司账户偿还个人债务或是用个人债务偿还公司债务等情形，导致公司发生资不抵债时，无法区分公司财产和个人财产，这时，股东则需要对公司的债务承担连带责任。

3. 应对措施

首先，在大学生创业者之间签订的合作协议中明确各自出资的方式及认缴出资的份额，对于存在出资不实的情形作出严格规定。明确股东瑕疵出资的违约责任，通过设定高额的违约金，合理限制瑕疵出资股东的利润分配请求权等方式提高股东瑕疵出资的成本。

其次，如存在实物出资的情况，应当避免以协商的方式确定实物价值。对于大学生创业者而言，没有相关的专业知识，可能会缺乏充分的判断能力，难以保证做出的判断足够准确。因此，建议大学生创业者委托专业机构对实物的价值进行评估。

最后，大学生创业者之间可以相互监督，杜绝出现已缴纳出资又抽回的情形。同时，在创业前期，有必要对项目进行评估，预计项目运行各阶段所需的资金数额，尽量准备一定的风险应急基金，以确保出现突发情况时可以维持正常运转。

对于个人财产与公司财产混同的情形，应当严格区分个人账户和公司账户，严格执行公司经营性往来款项只汇入公司账户绝不汇入个人账户，保证个人日常生活用度绝不从公司账户支出。建立完善的会计、审计制度，保存好财务报表，并在每一会计年度终了时编制财务会计报告，并经会计师事务所审计。如此，一旦发生纠纷，公司出现资不抵债时，就可以提供有效凭证证明公司财产独立于个人财产，从而有效地避免财产混同的法律风险。

（二）以非法人组织的形式作为创业组织的法律风险及应对措施

1. 有限合伙企业由普通合伙人和有限合伙人组成

普通合伙人以其个人全部资产对有限合伙企业的债务承担无限连带责任；有限合伙人则以其认缴的出资额为限对合伙企业的债务承担责任；普通合伙人执行合伙事务，有限合伙人不执行合伙事务且不得对外代表有限合伙企业。

现实中，大学生创业者可能并不清楚普通合伙人与有限合伙人的区别。作为有限合伙人的大学生创业者很有可能会以企业的名义对外从事一定的民事法律行为。一旦发生纠纷，对外从事民事法律行为的有限合伙人大学生就有可能需要对造成的债务承担责任，从而突破了有限责任保护的限制。

2. 合伙协议约定不明的法律风险

合伙协议应明确约定各合伙人的出资方式、出资数额和交付期限、利益分配及亏损分担方式、违约责任、争议解决方法等内容。合伙企业的融合性极强，且现实中的大学生创业者能一起合作是基于彼此之间的相互信任。但由于大学生创业者缺少对风险的预见能力，他们所创设的合伙企业的合伙协议会较为简单。这种情况下，日后企业内部一旦发生纠纷，己方的利益很有可能无法得到保全。

3．应对措施

首先，大学生创业者要加强对自己从事的行业的了解，明确自己的选择定位。如果不想冒大风险，则不建议选择成为一名普通合伙人，因为作为普通合伙人需要以个人的全部财产对企业的债务承担无限连带责任。普通合伙人毕竟是孤注一掷，所以要掌握执行合伙事务的大权。而作为有限合伙人，则不享有执行合伙事务的职能，其对外的行为一般是无效的，除非第三人相信其有权处理合伙事务。当然由此产生的责任最终还是需要由该有限合伙人承担。

其次，创业组织如果选择有限合伙企业这种形式，创业者应尽量选择有担当且志同道合的合作伙伴。不管多么信任对方，出于规范管理，都应当通过完善的合伙协议、规章制度、参加保险等法律措施对组织的债务规模进行有效的约束，对有可能产生的法律风险进行有效的控制和规避，把风险扼杀在萌芽状态。

当代大学生有创新精神，有对传统观念和传统行业挑战的信心和欲望，正是这种创新精神造就了大学生创业的动力源泉，成为大学生成功创业的精神基础。结合国家出台的对大学生自主创业提供免息贷款、减免赋税等优惠政策，这样的条件和环境都很有利于大学生创业。

第四章　创新创业教育融合发展新模式

第一节　专业教育与创新创业教育的深度融合

一、专业教育与创新创业教育的发展现状

创新创业教育想要并入高校的育人体系、融入专业教育当中，则需要高校详细列出人才培养计划。创新创业教育运行机制与专业教育有所不同，两者的管理权归属于院校的不同部门，教务处负责管理专业教育，而创新创业教育归学生处或思政处管理。如此分而治之，学生以选修课的方式参与创新创业教育，他们所接受到的教育自然会有很大差异。因此，只有明确了培养和教学的目标，才能保证创新创业教育与专业教育接轨。

二、专业教育与创新创业教育融合的意义

专业教育与创新创业教育的融合有着重要的意义，这与国家高等人才培养的目标是一致的。

（一）增强学生的竞争能力

高等教育的改革要求是“工学结合、校企合作”，并且专业教育提倡创新教育和创业教育，所以将创新创业教育融入专业教育中，既符合发展要求也顺应教育时代。深化专业教育可以具体表现为创新创业教育。在经过创新创业教育的培养后，学生的交流能力和与他人合作的意识都会有所增强。学生的创新能力和创业能力在创新创业教育的培养中

被提高，当他们参加工作后，自身的竞争能力也会被大大提高。

（二）扩展学生的就业路径

在就业压力越来越大的今天，自主创业被看作是毕业生的不二选择。自主创业不仅给创业者们带来财富，同时也可以缓解社会的就业压力。将创新创业教育融入专业教育后，学生会学到很多创业知识和技能，学生的创业竞争能力也会随着自身素质的培养而有所提高。在就业的过程中，具有企业家精神的学生不会仅依赖于所在的企业生存。当他们发现自己所在的岗位并不适合自己的时候，还是会选择自主创业这条道路，而自主创业又可以解决其他毕业生的就业问题，如此即可进入良性循环的状态。

（三）提高院校持续的生存发展能力

由于经济受全球一体化的影响，人才竞争成了各国相互之间最重要的竞争资源，所以在我国的人力资源需求上，除了原本必备的高素质专业型人才以外，现在更紧缺的是敢于开拓创新的创业型人才。为了能够满足人力资源市场的需求，各高校把创新创业教育逐渐融入专业教育中，在人才培养方面，也开始重视专业知识和专业技能的同时培养，着重培养高素质人才的创业精神和创业能力。在保证自身的持续生存和发展的基础上，高校也在开展多种教育类型，来应对越来越激烈的国际竞争。

三、专业教育与创新创业教育融合的有效路径

高等院校培养创新创业人才，将专业教育与创新创业教育融合可采用以下路径。

（一）优化人才培养方案

高等教育为了获得全面发展，需要将创业教育的培养方案融入专业教育的培养方案之中，做到创新创业教育与专业教育同步进行。创新创业教育能够和专业教育进行结构性融合的前提是创业教育的人才培养方案需要进一步优化。在高等教育中，创业型人才的培养应该获得与技能

型人才培养的同等位置；在人才培养方案中，要明确地列出创业精神和创业能力的培养规格，保证在专业教育的课堂上有创新创业教育的一席之地。

（二）深化课程体系改革

创新创业教育能否顺利地融入专业教育当中，课程体系改革起到了决定性的作用。教务部门为了完成高技能人才的培养目标，会根据不同的专业要求来构建课程体系。创新创业教育课程体系的构建应该按照学生的不同需求，开设不同岗位的培训课程，然后在不影响现有专业教育课程培训效果的前提下，把这些创业培训课程插入其中。在今后的社会发展进程中，为了使所培养的学生能以最快的速度适应社会的需求，并能创造出新的工作岗位，课程体系改革的重点将会放在培养学生创业精神和创业能力上。

（三）培养适合创新创业教育的师资力量

在创新创业教育融入专业教育的过程中，师资力量的投入是关键环节。适合创新创业教育的师资力量得到了高校的重视，教师逐渐开始培养学生适应社会的能力，校内有限的专业教师和创业教师的资源得以整合，这对高校今后的发展和生存是非常有利的。在教师资源培养方面，高校应该多为专业教师提供与企业家或创业成功人士相互沟通交流的机会，让其从实践活动中体会开展创新创业教育的理论和方法，由此来壮大创新创业教育的教师队伍。经过一段时间的摸索和实践后，专业教师掌握了一定的教学经验，就可以把创新创业教育的知识融入讲授专业知识的课堂中，高校学生们接受了这样的教育内容后，自身的创业意识、社会竞争能力就在无形当中被提高了。

（四）开展创业实践活动

创新创业教育的教学工作需要与社会生产实践相结合，在校内加强对学生的专业知识和技能培养的同时，在外应该建设相应的创业实训基地，开展创业实践活动。另外，创新创业教育的教师应该把企业的业务流程带到教育课题之中，与学生一起制订实训计划，通过实际的锻炼过程，让学生体会创业的相关工作。当同学们参与社会实践活动时，他们更愿意关注一些典型的创业案例和创业成功人士的经历经验，当他们受到鼓舞后，其创业热情就会得到激发。

（五）引导校园文化氛围

高校的校园文化氛围始终影响着学生们的思想观念和行为方式，浓郁的创新创业文化氛围会很好地引导学生们朝着创业的方向发展。因此，学校应该发动全校师生多组织一些技能比赛或社团活动，同时在学校的宣传报道方面给予相应的支持，并对表现突出和成绩优秀的学生进行嘉奖，用以鼓励更多的学生参与到创新创业活动当中。营造出良好的文化氛围有利于学生树立坚定的创业观念以及在这些实践活动当中促进创新创业教育与专业教育的融合。

（六）建立新的考核评价体系

为了保证创新创业教育顺利地融入专业教育，高校应该考虑调整传统的考核评价体系，新的考核评价体系不仅要对教师进行考核评价，同时也应该考虑对学生提出考核评价的标准。高校要把教师的教学内容、培养学生创业精神的相关工作等纳入考核评价中，同时制定鼓励性的教育政策，当教师的评聘和报酬等问题与考核体系挂钩后，教师参与创新创业教育的积极性就很好地被调动起来。当然，对学生的考核评价也要建立健全，学生日常训练的成绩和他们参加实践活动的时间，可以很好地反映出技能水平和创业能力的高低。为了提高学生的创业能力，更好地鼓励他们积极参与创新创业教育活动，在考评制度中，将创业技能与学生的奖学金申请和优秀评测标准相结合，这不失为一条良策。

四、高校创新创业教育与专业教育深度融合的途径

在教学实践中，高校不断地总结摸索创新创业的方法、路径，在总结高校创新创业教育与专业教育融合存在问题的基础上，我们可以寻找解决问题的途径。

（一）领导层重视

这里的领导层指高校的党委常委。一所高校只有从领导开始重视创新创业教育，把创新创业教育的工作当作教学工作的重点来抓，才能引导教学工作的方向围绕创新创业教育来开展。首先，从思想层面重视，领导要在全体教学大会上反复强调在高校开展创新创业教育的重要性；其次，在行动上落实，领导要求各管理部门把创新创业教育的工作落到实处；最后，重结果监察，领导对学校开展创新创业教育的情况要进行监督、考察。

（二）师资队伍的建设

学校开展创新创业教育需要有创业经历的教师，这样的教师才能培养出有创业能力的学生。因此，学校人事处要把好师资队伍建设这一关。在专任教师的培养上要落实顶岗实践的要求，注重培养专任教师的实践经验。对兼职教师和外聘教师，要选择企业、行业中的优秀人才，对他们进行教学能力的培养，使他们能够把企业行业的工作经验和本人的教学能力结合起来，更好地培养学生的创业能力。

（三）教学管理层的推进

教学管理层主要指学校教务处，一般学校的教学都是由教务处管理的。教务处负责规划设计学校整体的人才培养方案，把专业教育与创新创业教育的融合教学方案纳入学校的人才培养方案中。同时，要求各院系在教学规划中要有专业教育与创新创业教育融合的计划和安排，并定期检查方案的实施进度与实施结果。通过第三方对学校毕业生加以跟进，调查学校对学生专业教育与创新创业教育的融合开展是否得当，学生是否具有了一定的创业能力，以此来修改和调整学校专业教育与创新创业教育融合的计划。

（四）教学层面的设计

各院系要深化教学中专业教育与创新创业教育的融合，其具体体现在深化教学内容和课程体系的改革上，要求各学科教师在基础课程、专业课程中都要写进创新创业教育的内容，要思考如何从本学科创新创业教育的方面进行教案的编写和备课，从而在授课中更好地从本学科创新创业教育的方面引导学生，使创新创业教育的意识渗透到学生的心里，从各方面培养学生的创业意识和创业能力；同时，要开展一定学时的创业实践活动，提高学生的创业实践能力，真正实现对学生创业能力的培养。完成专业教育与创新创业教育的深度融合。

（五）人才培养过程监控

学校要建立人才培养的监控体系，如督导室等，主要负责创新创业教育教学计划和教学工作的落实。学校要坚持领导、教研室听课及教师相互听课制度，以便及时深入地了解和研究教学工作中有关专业教育与创新创业教育融合开展的新情况、新问题，并提出解决方案；成立以系领导为组长的教学质量督查小组，亲自抓教学质量；要把教学工作检查作为主要的日常工作，安排不定期的教学课堂巡查，系领导要经常深入了解教学第一线创新创业教育的调查研究，发现问题及时提出改进思路和措施。

（六）培养质量反馈

按照教学计划完成创新创业教育之后，学校可以请第三方单位对毕业生在企业、事业单位工作中的创新创业能力进行调查，收集反馈数据后要交予质量监控办公室分析，找出在开展职业教育与创新创业教育人才培养方案中存在的问题，并及时由教务处研究调整人才培养方案，同时联系各院系，由院系讨论制定教师的授课计划和实践方案。通过一整套的方案调整，及时改进专业教育与创新创业教育的实施措施，以保障学生创业能力的提升。

五、专业教育与创新创业教育融合发展对学校师资队伍的要求

创新创业教育对学校的师资队伍提出的要求与传统的专业教育有很大不同，它主要通过教授学生创新创业知识来培育学生的创新创业精神。在创新创业教育过程中，教师要做到以学生为中心，在不同的学习

环境里，自己以组织者或指导者的身份来帮助和促进学生发挥其主动性、积极性，使得学生能灵活掌握和运用所学的知识。多层面人才培养目标和多层次创业课程体系对高校的教师提出了新的要求。教师既要有专业基础知识还要有在企业工作的经历与经验，只有配置师资多元化，才能适应多层次的创业课程体系要求。多元化的师资队伍要求师资来源的多元化和师资教育技能的多元化。

（一）多元化需求下的“双师型”师资队伍建设

由于高等院校发展对多元化教师的需求，教育部在《高等高专人才培养工作水平评估方案》中提出高等院校要建设一支“双师型”的师资队伍。它对高等院校“双师型”教师的数量提出了要求，其中“优秀学校”专业基础课和专业课教师中“双师型”教师比例要达到70%，合格学校应达到50%。显然，许多高等院校“双师型”教师的比例与教育部要求的比例存在着较大的差距。因此，加强“双师型”教师队伍建设是各高等院校教师队伍建设的一项重要而紧迫的任务。

高等院校根据专业建设和人才培养需要，注重引进与培养并举，深入推进教师队伍建设。通过专业教师进企业实践、与企业联合项目研发等途径，“双师型”教师的数量与质量均得到了明显提高；通过聘用企业技术、管理骨干或能工巧匠等途径扩大了兼职教师队伍；通过专业带头人业务培训、骨干教师校本培训，强化了专任教师的职教理念，提升了其职教理论水平；通过鼓励考研考博、科技创新等途径，教师的学历层次、职称结构也有大幅度提升。经过几年的建设，高等院校师资队伍建设初见成效，师资队伍的数量、质量和结构均有了较大变化，为高等院校人才培养、专业建设、教学研究和社会服务等提供了有力的人力资源保障。

在中国教育新的发展阶段，创新创业教育被提上了重要议程，这将改变高等教育的传统人才培养模式，新的历史使命将会使高等教育朝着更加科学的方向发展。教育教学活动的组织和实施依靠的是教师队伍，他们向广大学生传播知识文化，并且树立了人才培养的理念，是培养创业人才的中坚力量——所以培养创业师资有利于教师队伍的持续发展。

为了满足创新创业教育理念的需求，高等院校教师自身所具有的工作经验和综合素质还需要进一步提高，在学校和社会共同配合的情况下，建立全面落实创新创业教育教师成长理念。

（二）“双师型”教师队伍建设

按照高等院校人才队伍建设规划的相关文件精神，根据创新创业教育指导，要培养高素质技术技能型人才对师资队伍的要求，高等院校应全面贯彻落实教师成长理念，搞好“双师型”师资队伍的建设。结合职业教育教师培养的实践，高等院校可以从以下培养步骤实现教师多元化来源，培养创业教师逐步成长：以教师成长平台体系为依托，以培养专业带头人为突破，以培养骨干教师为抓手，以协同培养兼职教师为策略，以校内外双师素质教师培养为核心，做好校内专业教师双师素质提升、兼职教师的聘任与培养。不断调整优化师资结构，创新教师队伍教育管理机制，坚持培养与引进并重、能力培养与学历学位提高并重。通过校企互动，建设一支结构合理、素质优良的“双师型”教师队伍，以适应高等创新创业教育发展的新要求，为实现高等院校教育事业发展目标提供人力资源保障。

（三）“双师型”师资队伍建设的策略

创新创业教育不是单纯地为了培养学生的就业和创业能力，它也要注重培养学生的职业道德和职业技能，因为创新创业教育是要面向社会，是为社会提供有用的人才的。

“双师型”师资队伍的建设对于各高等院校来说特别重要。高等院校应该加强建设“双师型”师资队伍，实现师资来源的多元化和师资教育技能的多元化。按照创新创业教育目标要求，高等院校“双师型”师资队伍建设的培养模式有多种。

1. 以培养专业带头人为突破

（1）重视专业带头人的选拔与培养

制定高等院校专业带头人遴选与管理办法，选拔校内专业带头人进行重点培养，确保每个专业都有校内专业带头人；通过制度建设，强化对现有专业带头人和具备专业带头人培养条件的教师进行培养。所属部门每年提供专业带头人专业调研机会，有针对性地学习借鉴示范院校人才培养模式改革、校企合作、师资队伍建设等方面的办学理念和成功经验。

（2）加大专业带头人的引进力度

由于各高等院校师资队伍状况的不同以及在专业和课程建设上对人才需要的不同，所以人才引进机制在具体工作中应该得到相应的规范和完善。通过调整人才引进的优惠政策拓宽引进渠道，加大引进力度。对于重点专业和特殊人才，应给予特殊的工作待遇，也可以采用破格录取的措施，来保证“双师型”专业人才对职业教育所做出的贡献。

（3）聘用与培养兼职专业带头人

规范行业企业兼职专业带头人的聘用，与校内专业带头人配合，实施校企互动的双专业带头人制。兼职专业带头人原则上必须是行业、企业内有一定影响力的专家，在职业技术应用方面具有精湛的专业操作技术和开拓性业绩，得到同行认可。高等院校应制定优惠政策，聘用兼职专业带头人，参与专业建设。

2. 以培养骨干教师为抓手

（1）确保骨干教师质量

在本专业领域既具备扎实的基础理论功底，又有丰富的工作经验，这样的骨干教师对于高等院校的教师队伍是很重要的。因此，为了保证骨干教师的质量和数量，理应重点培养那些熟悉行业和企业动态又具有教学能力的教师，并且在固定的年限内对骨干教师进行选拔，提高每位教师的工作积极性。

（2）提高骨干教师素质

通过选派骨干教师到职业教育发达的国家或地区研修，学习先进的办学理念和职业教育理念、课程开发模式、教育教学方法和先进的技术，开阔他们的国际视野，提高他们的课程开发能力、专业水平和业务能力。通过组织骨干教师参加国内关于职业教育理念和教学能力提升的各类培训，学习新技术，并取得相应的职业资格证书，积极参与社会服务和应用技术项目的开发。通过安排骨干教师到企业进行顶岗实践锻炼，在完成实践项目的基础上，通过实践活动、校企双重考核，强化岗位认知及专业技术能力的培养。

3．以协同培养兼职教师为辅助

（1）规范兼职教师的聘任与管理

高等院校应进一步规范兼职教师聘任资格并逐步建立行业、企业兼职教师教学档案；探索“校企双向互聘”机制，即企业向高等院校派出兼职教师，高等院校向企业派出访问工程师，以校企互动、协同共建的方式，稳定兼职教师来源；要积极与企业、行业联系，建立良好的合作关系，建立一支稳定的兼职教师队伍，聘请既有实践经验又能胜任教学任务的行业专家或生产第一线的技术能手承担高等院校实践教学任务，并对教学效果优秀者给予奖励。

（2）提高兼职教师承担专业课时的比例

高等院校应充分利用合作企业人才资源，建立一支由各行业第一线高素质人员组成的相对稳定的兼职教师队伍，形成校企双方人员共享、高效灵活的用人机制；提高兼职教师承担专业课时的比例，兼职教师承担的专业课时比例应达到50%以上，并在以后逐学期递增。

（3）提升兼职教师的教育教学能力

高等院校应强化对兼职教师的培养，全面提升兼职教师的教学水平；开展兼职教师教育教学能力的专项培训，包含教师职业道德、高等职业教育核心理念及教育学、心理学等课程的学习，不断提升兼职教师的教育教学能力，发挥兼职教师在高等教育中的作用。

4．以校内外“双师型”教师培养为核心

（1）提升教师的社会服务能力

高等院校应制定和完善“双师型”教师认证制度，加强专业教师双师素质的认定和管理；通过制定高等院校“双师型”教师队伍建设与管

理办法，强化“双师型”教师建设的制度保障；要为专业教师申请“双师型”教师资格创造条件，在政策上给予倾斜。“双师型”教师认证制度是评价和认定“双师型”教师培养的标准，为了提高教师的社会服务能力，高等院校应根据行业、企业的实际情况和职业教育的发展，把科研、技术开发和技术服务、企业兼职和实践、实训基地和实验室建设、成熟的项目团队成员、职业资格认证等纳入“双师型”教师的认定要求中。高等院校应建立校内“双师型”专业教师评价激励机制，提高“双师型”专业教师奖励性绩效工资水平，将“双师型”作为专业教师职务晋升、评优的必备指标，对专业教师参与社会实践、社会服务、挂职锻炼的时间和经费给予制度性保证。

（2）提高教师的实践能力

高等院校要制定教师顶岗实践管理办法，进一步明确专业教师到实训基地和企业锻炼的目标、考核办法和待遇等，使专任教师深入行业、企业第一线实践制度化、规范化，为教师下企业实践锻炼提供制度保障。把具有两年以上专业相关、有社会企业工作年限的专任教师比例作为部门工作目标任务的一项重要指标，并纳入对各二级学院、系、部绩效考核的内容。要求专业教师积极参加企业生产实践、应用技术研究项目、工程应用项目、开发应用项目、调查与对策研究项目，参加专业技能培训并考取高级技术（技能）等级证书，提高自身实践能力。

（3）建立“双师型”教师培养长效机制

高等院校应借助教师成长系统，建立“双师型”专业教师继续教育的培训制度和“教师职业生涯规划”制度，把“双师型”提升纳入每一位教师的个人职业生涯规划。根据教师的年龄、学历和经历等具体情况，制定继续教育培训计划，定期予以考核。鼓励教师组队承接企业项目，借助校企合作与企业联合培养专业教师，针对教师实际情况实行分类培养，对未具备“双师型”的教师要求5年内到企业顶岗实践2年以上，学校要积极派遣教师到企业顶岗锻炼。

(4) 健全专任教师准入机制

高等院校应建立专任教师准入机制，落实人才引进管理办法，为学校的人才引进提供制度保障。在人才引进过程中，根据学校专业发展和师资队伍建设的需要，分批引进人才，通过向社会公开招聘、引进等方式，特别注重从生产一线引进学历层次高、实践经验丰富的专业技术人才，确保新进专业教师原则上具有3年以上企业工作经历，具备硕士以上学位或中级及以上职称，不断改善和优化专任教师队伍结构。通过各种努力，建设一支符合高等院校办学宗旨要求的“双师型”教师队伍。

(四) 加强教师创新创业教育教学能力培养

创新创业教育改革有利于推动高等教育教学改革创新，可以促进高等教育与科技、经济、社会紧密结合，能够加快培养规模宏大、富有创新精神、勇于投身实践的创新创业人才，并能为建设创新型国家提供强大的人才智力支撑。

1. 高等院校要明确教师创新创业教育责任

我国高校创新创业教育不断加强，取得了积极进展，对提高高等教育质量、促进学生全面发展、推动毕业生创业就业、服务国家现代化建设发挥了重要作用。高等院校要明确全体教师创新创业教育责任，加强教师创新创业教育教学能力建设。

高等院校全体教师要以发展的眼光充分尊重学生的个性与差异，培养学生善于思考的良好习惯，鼓励学生的创新意识和创新行为，使其各有所长。学生创新创业教育能力的培养对教师创新创业的教学能力提出了一定的要求。

(1) 对创新创业教学要有认识能力

教学认识能力包括对所教学科专业知识和教学思想、理论与规律的认识。教师的学科专业功底对其教学能力起着至关重要的作用。

(2) 对创新创业教学要有实践能力

教学的实践能力是教师教学的基本功，主要包括理解和处理教材的能力、了解和把握学生的能力、深刻理解和熟练掌握教学内容的能力、恰当选择或创造教学方法的能力、熟练教学操作的能力和良好的语言表达能力。在教学中，教师要善于通过组织教学实践活动，启发学生创新创业的兴趣，集中学生注意力。对待创新创业教学，教师自身要有熟练操作的能力，还要善于运用生动活泼、流畅通达、富于感情的语言，激发学生创新创业的热情，提高学生的自学能力，启迪他们提出问题的创新思维，锤炼他们分析和解决问题的能力，增强教学的艺术性和感染力。

（3）对创新创业教学要有研究能力

教学是一门学问和艺术，有它自身的性质和规律。教师要不断认真地学习，更要能在创新创业实践中坚持不懈地磨炼、研究、总结和升华，达到理论高度。因此，教师自身对创新创业教学要不断地进行总结归纳，提高自身的研究能力。

2. 高等院校教师创新创业教育成长环境

教育部在《关于大力推进高等学校创新创业教育和大学生自主创业工作的意见》中，要求各高校把创新创业教育有效纳入专业教育、文化素质教育教学计划和学分体系当中，建立多层次、立体化的创新创业教育课程体系，国家各级高等院校都积极开展了这项工作。高等院校创新创业环境是纷繁复杂的，涉及政策与法律的革新、人文社会观念的转变、行业的发展情况、自然环境的突变和科学技术的迅速升级等因素。这些因素的变化，促成了高等院校创新创业环境的风险与生机。

（1）政府主导创新创业教育教师成长环境

我国教育事业属于政府主导型，政府在教育发展和改革中扮演着重要角色，政府的指挥棒能调动学校领导、师生参与创新创业教育的热情。我国的高等院校创新创业教育起步多年尚未取得明显的效果，创新创业教育师资数量和质量的严重不足已成为主要的制约因素之一。政府要出台相应的政策，建立创新创业教育教师培养机制，为高等院校的教师提供创新创业教育成长的环境。

成立创新创业教育师资培训机构，推进创新创业教育师资职业化的进程。通过专业化的培训，不仅可以培养一大批高校急需的创新创业教育师资，并且参加系统学习的教师要进行入职选拔考试。学校应严把入口关，只有获得职业资格认证的，方能持证上岗，以此不断提高师资素质，增强其专业能力，优化和提高高等院校创新创业教育教师的从业标准，改善我国高等院校创新创业教育的整体水平，缩小与发达国家的差距。

打通创新创业教育教师的成长通道，推进创新创业教育师资专业化的进程。一方面，在部分高校开设创新创业管理方向的学位教育，打通创新创业教育教师学历教育通道；另一方面，增加创新创业学术类职称系列，打通教师职业晋升通道。只有这样才能吸引更多的优秀教师参与、转入创新创业教育的师资队伍。

(2) 高校提供创新创业教师成长职业环境

高等院校创新创业教育实施的核心在于教师，高等院校应高度重视对教师的培养，特别是对年轻教师的培养，为创新创业教师的成长提供职业环境。

树立“双师型”教师培养理念，营造教师成长氛围。创新创业教育和高等教育都要求教师既懂理论也懂实践，创新创业教育理念下的高等院校师资队伍更应加快“双师型”建设的步伐，高等院校要在新引进教师编制、任职条件、职称评审、工资待遇和聘任政策等方面向“双师型”倾斜。同时，要开通“双师型”教师培养渠道，让现有的教师进入企业从事生产管理、工程技术工作，切实提高实践能力。

建立教师培养激励机制，引领教师成长。一是完善制度保障，激励教师投身创新创业教育。学校建立完整的创新创业教育课程体系并纳入人才培养的学分体系，另外，对于教师从事创业团队指导等明确工作量计算标准，为鼓励教师投身创新创业教育形成制度保障；二是积极鼓励教师开展创新创业实践活动，为教师参与企业咨询、研究活动、体验创业等提供便利。通过开展“产学研”实践项目，扶持教师带着自己设计或研发的项目去创业，增加其管理实践经验，培养一批“创业型学者”或“学者型企业家”。

（3）内在动力驱动创新创业教师自身成长

创新创业教师的自身内在动力驱动教师个人成长。教师有了国家好的政策的大背景，有了学校提供的职业成长背景，来自教师自身主动成长的内在动力能驱动教师提高自身的综合素质。

主动学习，勤练内功。一方面，在创业理论层面，教师应加强创业意识、创业准备、创业心理、创业风险、创业营销、初创期企业管理和财务管理等方面的知识学习；另一方面，教师应加强岗位实践经验的积累，主动走向社会、走进企业、走入学生创业团队，在实践中提高自己。理论与实践相结合，不仅可以提高教师教学的自信心，还可以增强教学的针对性。

参加创新创业培训，提高创新创业教育授课技巧。创新创业教育与传统的教育不同，创新创业教育的授课方式可以用“三多”和“三少”来概括：多一些互动参与，少一些抽象概念；多一些双向交流，少一些单向灌输；多一些热情行动，少一些乏味说教。鼓励教师参加多种创新创业师资培训，专门的创新创业培训项目都要求进行小班化教学，教师使用参与性的教学方法，突出学员的主体地位。创新创业教育教师可参加培训借用授课方式，以此来提高自己的授课技巧。

3. 高等院校创新创业教育教师的成长路径

教学能力是教师思想素质与业务能力的综合体现，表现在教学活动的过程之中，并且通过一定的教学行为方式来体现；教学能力是在一定的教学思想、理念支配下，在掌握教学知识、教学技能的不断实践过程中形成的，包含教学的认识能力、实践能力和研究能力等相辅相成的本质要素。教师的教学能力是影响教学质量的决定性因素，现代教育以生为本、因材施教的教学理念，要求教师具有独特魅力的创新性教学能力，能针对学生的实际情况选择适合的教学方法，又能区别学生个性给予特殊指导，以充分发挥学生的个体优势与潜力。做到“既能教，又会教，更爱教”。高等院校教师创新创业教育教学能力的提高有多种途径。

（1）参加培训，汲取同类院校办学精华

国家、省、市或学校每年都会开展各种类型的继续教育活动，定期举行各种相关的培训、讲座、研讨或是各种职业资格证书的考前培训，教师通过参加培训，能集中学习和了解到国内外最新、最先进的教学理念、模式、内容、手段与方法，能结识许多高校的同行，利于会后时间相互交流与学习，还能感受到不同高等院校的校园文化，找出本校与同类院校的差距，提高教师自身综合素质和专业能力，更好地开展高等院校的创新创业教学活动——最终有利于个人教学能力的提升。

（2）参与合作，借助团队提高水平

高等院校为促进教师队伍的建设，一般都建立了教研室，把教学人员分成了不同专业团队，由团队来组织开展各类教学活动，教师要积极参与团队的创新创业教学活动，使团队成为提高教学、科研能力和进行专业发展的良好平台。同时，学校还提供了各种类型的顶岗实践平台、创新创业平台、经验交流学习平台、教学平台、企业与科研成果对接平台等，教师要借助于这些平台，提高创新创业的能力，还可以依靠教研室的团队力量，开展定期集体备课、教学研讨、相互听课、举行公开课等活动，进而提高教学水平。

（3）多方请教，提高教学能力

高等院校各院系和各教研室都是不同的团队，各团队中都有开展创新创业教育工作的优秀团队，其他团队可以向优秀团队请教学习。组织与优秀团队之间开展经验交流与互动，不断提高本团队的创新创业教育能力。一是学习他们热爱教学、心系学生的强烈事业心和责任感；二是学习他们为了掌握教学规律而肯投入的精神和善于投入的能力；三是学习他们对教学工作认真实践、精心研究、一丝不苟的扎实作风；四是学习他们注重教学创新，更重视学生创新意识和创新能力的培养；五是学习他们灵活高超的教学艺术。

（4）开展教研，提升教学水平

为了提高创新创业的教学能力，教师除了不断地进行教学实践与反思并总结积累经验外，还必须结合创新创业教学实际与发展的需要，开展创新创业教学改革和教学研究。随着现代科学文化技术与社会经济的迅猛发展，学校的教学理念、教学内容、模式、方法和手段都正在经历深刻的变革，虽然在宏观层面这些问题已有不少研究，但具体到学科专业教学方面则存在大量的实际问题有待探讨和研究，这正是教师锻炼与提高创新创业教学能力的好舞台。

（5）自主学习，提高业务素质

要培养教师自主学习的能力。教师要不断学习专业新知识，与专业前沿保持同步，使大脑知识储备充足，这样讲课才能发散学生思维，联想性好，生动有趣。教师要借助互联网、国家精品课程网站或专业杂志等资源，学习国内外先进的教学理念、模式、方法与技术，把专业教育与创新创业教育有机地结合起来，在课题中予以实施。要加强师德建设，确立坚定的、崇高的师德信念，严于律己，全心全意投入教学之中。要坚持教学反思，对创新创业教育思想与实践及时进行评价、反馈与调节。

（6）加强沟通，注重培养

现代教育理念强调在教学中教师是主导，学生是主体，教师应主动接近学生，加强沟通，运用创新性教学手段充分调动学生学习的积极性和创造性，教会学生如何获取、掌握所需知识和信息的方法，培养学生创新性思维，注重学生综合素质的培养，真正做到“授人以渔”，成为学生学习的引导者。高等院校创新创业人才的培养离不开教师创新性教学能力的提高。教师创新性教学能力的提升，关键在于各级领导重视，能以科学发展观和正确的人才规划为导向，建立完善的教师培养机制，创设教师学习、实践和发展的平台，营造良好的发展环境，并充分调动教师学习、实践、反思和完善的积极性，开通高等院校创新创业教育教师的成长路径。

第二节　创新创业教育与实践教育体系的深度融合

创新创业教育的实践性特征决定了创新创业教育必须延伸到创业实践的服务平台，通过必要的实践环节帮助学生磨炼意志、积累经验、增强能力、铸就品质。创新创业教育实践体系是以培养学生的创新意识、创业精神、创业知识和创新技能等为基本内容的一个实践体系，它是通过创新创业教育课程、社会实践、行业竞赛和创业平台建设，充分调动高校、研究机构、政府、企业和社会多方面力量来培养创业型人才的教育实践体系。创新创业教育实践作为创新创业教育的重要一环，对推动高等院校的创新创业教育的发展有着重要的作用。

一、创新创业教育实践体系的基础构建

（一）教育实践体系构建的理论基础

教育实践教学是相对于理论教学的各种教学活动的总称，包括实验、实习、设计、工程测绘和社会调查等，旨在使学生获得感性知识，掌握技能、技巧，养成理论联系实践的作风和独立工作的能力，这种对教育实践的定义，是从其内涵和外延来理解的。

1. 教育实践体系的内涵

教育实践体系是一个有机的整体，大部分学者都认为其有狭义和广义的内涵之分。总的来说，由目标、内容、管理和评估体系等要素构成教育实践体系整体，这是按照其广义层面来描述的。狭义的教育实践体系是指教育实践的内容体系。以广义的教育实践体系内涵作为参照，但并不局限于其设定的目标、内容、管理和评估四大要素。把实验、实训、实习和毕业论文等环节作为教育实践活动，把体系的管理、评估和条件保障作为教育实践体系的环境资源来加以重新认识。所以，教育实践体系是以教育实践人才培养目标为核心前提，以教育实践活动为主体

内容，并以相应环境资源作为支持条件的一个有机联系的整体。

建构主义学习理论认为，知识、技能不是被动积累的，而是学习者积极实践的结果。知识、技能的建构必须从激发学习者学习动机开始，而传统的教育模式往往是先理论后实践，实践能力弱的学生在社会上缺乏核心竞争力。因此，高校必须确立教育实践教学在创新创业人才培养过程中的主体地位；学习者的学习过程要关注知识、技能的连贯性和教学内容的情境性。使用情境教学方法，使学习内容具有真实性任务，使学习行为在与现实情境相似的情境中产生。教育实践教学正是符合情境教学要求的，使学生通过具体的社会实践、实训、实习等实践环节，在解决具体问题情境中积极主动地建构自己的理解过程、创造过程。

2. 教育实践体系构建的理论原则

教育实践体系的高效运行，必须考虑到多种要素间的相互作用。在综合了创新创业人才培养范畴和教育实践体系特征的基础上，人们提出了构建教育实践体系过程中需要遵循的一般性理论原则。

（1）目标性原则

高等院校教育实践体系的建构必须紧紧围绕培养大学生创新创业能力这一人才培养目标来进行，要把培养既具有扎实的理论基础，又具有较高创新素养和较大创业潜能的人作为教育实践体系的出发点。高校制定的教育实践体系人才培养目标应该根据高等院校人才培养规格、专业学科特点及发展规律以及社会对人才的需求来进行明确的、有针对性的具体目标设定。

（2）系统性原则

高等院校教育实践体系的构建，应该根据高等教育的规律、人才培养特点，按照各个教育实践环节的地位、作用和相互之间的内在联系，运用系统科学的方法进行统筹安排。教育实践环节的时间安排要保持连续性，要处理好实践教学与理论教学的关系，合理分配课时比例，保持整个教学过程的系统性。实践教学与理论教学的相互衔接、相互渗透，使体系内的各个环节协调统一，贯穿于高等教育的全过程。

（3）层次性原则

大学生能力的发展是一个循序渐进的过程。遵循这一客观规律，教育实践体系也应分阶段、分层次逐步深化。教育实践目标要由易到难，教育实践环节要由简单到复杂，教育实践方法要由单一到综合，分阶段、分层次，循序渐进地加以构建。

（4）实践性原则

对教育实践体系的构建要有利于学生实践能力的培养，这主要体现在教育实践目标要符合社会发展和人才需求方面，除培养学生的应用实践能力外，高校还应注重创新创业能力的培养，以满足学生自主发展的需要。在教学内容上，高校应突出知识更新的要求，以实践、实训活动为主导，模拟真实的环境来开展教育实践。

（二）教育实践体系构建的目标导向

创新创业人才培养目标是高校教育实践体系构建的目标导向，也是其核心前提。创新创业人才培养目标指的是在教育实践体系的构建中，要把培养学生的创新创业能力作为教育实践人才培养的目标，把创新创业人才培养目标贯穿于教育实践体系的每个环节，通过教育实践活动培养学生的实践能力、创新素养和创业潜能，使学生对实际问题的解决能力和综合素质得到提高，使学生做到德、智、体、美、劳全面发展。

1. 培养学生理论联系实际的能力

教育实践的首要任务就是要求学生将理论知识与实践动手能力相结合，将课堂教育与社会实践相结合。学生工作以后，坚持理论联系实际，充分利用理论知识、指导思想，去观察、处理问题，解决实际工作中遇到的现实问题。学以致用是从古至今社会大众都崇尚的人类知识获取和使用的目标，其实现学以致用目标的过程就是通过实践。教育实践培养学生运用知识、创造知识的能力，使学生能真正发挥出理论指导实践的作用，为学生毕业后进入社会工作创造必要条件。

2. 培养学生发现问题与解决问题的能力

通过教育实践，积极调动学生的观察力、理解力和思考力，培养学生创新能力、激发学生创业潜能，对新时期人才培养的意义尤为重要。在日新月异不断变化的世界环境中，具备创新能力的人才才能发挥举足轻重的作用，为社会发展做出贡献。只有通过创新能力的不断提升，使学生富有创造力，激发其创业潜能，才能开辟新的行业和领域。

3. 培养学生的创新实践能力

人才综合素质的提升是一个国家综合国力提升的表现。国家培养学生的综合素质，需要在学生进入社会前，通过教育实践来逐步使学生得到全面发展。在创新创业人才培养的要求中，学生创新创业能力的核心就是创新，创业是在具备一定程度创新的基础上升华得到的。实践能力是创新能力发展的基石，高等院校要构建面向创新创业能力培养的教育实践体系，在教学中培养学生的创新实践能力，是符合现代教育要求和社会人才需求的。没有实践能力，创新能力是不可能得到发展的。学生在实践中不断积累实践能力，形成良好的创新意识，无形中就会使自己的创新能力逐步提升。

（三）创新创业教育实践体系的认知

创新创业教育实践体系是指将创新创业教育建成一个由浅入深、由简单到复杂的教学与活动体系，通过这个体系，把专业教学活动、社会实践活动、实习实训活动、科学研究活动和创业实践活动结合起来，形成循序渐进的创业全过程实训。创新创业教育实践体系主要通过整合学校、企业和社会的各种资源，建立开放式、多元化的创业实践平台与基地来实现。

根据创新创业实践教学的特点，我们把创新创业实践体系分为认知性、思考性、模拟性三个部分。

1. 认知性创新创业实践

一是组织学生参加社会实践和社会调查活动，深入认识社会，了解企业现状与发展，提高认知能力；二是指导学生充分利用课间及毕业实习时间，接触专业实践活动，提高专业创新创业能力；三是指导学生在实习实训基地中体验企业管理和企业文化，提高管理创新创业能力；四是发挥优秀毕业生创新创业典型的示范作用及成功案例的激励作用或采取讲座、座谈的形式教育和引导学生，丰富学生的创新创业知识与体验或采用访谈的形式让学生接触典型、感受典型、学习典型，提高其创新创业的激情与能力。

2. 思考性创新创业实践

学校通过举办与创新创业计划相关的比赛，引导学生参与各种科研训练活动，进行创新创业教育的熏陶，尤其是开展综合性、设计性科研训练活动。

3. 模拟性创新创业实践

通过模拟性创新创业实践，创立校内外创业孵化与创业实践基地。指导学生参加有关提高专业和创业能力的训练活动。依托校内大学生创新创业实践基地与大学科技园，让学生通过实践从理论中走出来，汇集智力、知识、技术和资金，使其成为学生科技合作交流与创新创业服务的平台；依托校外创业孵化基地和各类型创业中心的合作，与各企业合作共建模拟创新创业平台（如工厂、企业等实战场所）。与此同时，高校还要充分整合校友会的有效资源。

在创新创业教育的实践体系中，相关部门要做好统筹规划，做好创新创业园区的建设，重新评估现有创业园工作开展的情况并加强建设，规划建设一批新的创业园区。在创新创业园区的建设方面，省教育主管部门应积极协调省财政部门，把创新创业园区的建设纳入专项资金项目进行专项建设。创新创业园区应包括创新创业教育、项目管理、资金管理、孵化器和创新创业培训等功能。

二、创新创业教育实践体系的构建策略

高等院校创新创业教育实践体系要以解决实践活动中的矛盾冲突为目标，在实践活动中完成创新创业教育体系的构建。

（一）构建以学生需求为导向的创新创业教育目标体系

创新创业教育实践体系作为一项培养人的创新创业精神和能力的系

统工程，其目标要根据大学的人才培养目标和大学生的需求来制定。创新创业教育目标体系的构建可以很好地解决创新创业教育目标模糊与单一的困境。高校创业教学目标体系的构建应该分为两个层面：面向全校学生的共性层面，主要是以创业意识、创业知识、创业能力和创业精神等创业要素为目标的；面向特殊群体的个性层面，主要是针对具有强烈创业意愿和梦想的学生，以培养其市场的敏锐性、决断的自主性、思考的独立性、创业的竞争性和合作性、技术的创新性、管理的科学性等品质为目标的。

高等院校要围绕培养创新创业人才的目标，把推动大学生创新创业教育工作作为培养高等人才的重要组成部分，构建一体化的创新创业教育目标体系。在共性层面，高等院校要把向社会输送更多有志于担当社会责任、创造社会财富的精英人才作为人才培养的重要目标，积极探索创业意识、激发创业技能提升、创业项目打磨、天使投资对接、创业项目落地的“全链条”式创新创业教育实践体系，逐步形成以学生需求为导向、以创业要素为核心、以创造价值为动力、以创业实践为抓手、“学—研—产—用”相结合的分层、分类的创新创业教育模式；在个性层面，高等院校要将“培养有志于担当社会责任、创造社会财富的创业精英”作为创新创业教育的目标，实现企业家精神、创新能力、组织能力、领导能力、机遇把握能力、技术型创业、国际化创业等要素的融合。

（二）构建以资源整合为导向的创新创业教育组织环境体系

创新创业教育组织环境主要是指通过对以创业实践载体、创业社团、创业竞赛和创业实践平台为主体的创新创业教育实践类资源进行有效地整合，创造良好的创新创业教育环境，形成浓郁的创新创业教育氛围，构建创新创业教育组织环境体系，能够有效地解决创新创业教育实践载体繁杂和实践体系零散的矛盾。高校在开展创新创业教育时一方面要建立统一的创新创业教育领导机构，进行顶层设计和宏观规划，统一调动高等院校的创新创业教育资源，对全校创新创业教育工作和创新创业教育组织或团体进行宏观管理和监控；另一方面要打破学校各部门各自为政的局面，将优秀的教育资源进行整合，营造良好的教育环境，共同构建创新创业教育的组织环境体系。

高等院校要以资源整合为导向，采取多项措施构建良好的创新创业教育组织环境体系。

第一，加强顶层设计，提供机制和政策保障。一方面，学校应建立学生创新创业工作协调机制，成立大学生创新创业教育工作领导小组，协调校内有关部门抓好创新创业人才培养工作；另一方面，出台一系列文件，引导大学生处理好创业与就业、学业的关系。

第二，整合校内资源，激发创业意识。高等院校要依托勤工助学与创业指导中心、青年创业俱乐部、微创业联盟等几十个创新创业社团，持续开展“创业者导航”“创业点子秀”“创业沙龙”“创业在路上”等活动。

第三，加强校内创新创业教育实践基地建设。为满足学生创业实践需要，高等院校要建立创新创业教育实践基地，引导学生经常参加创业实践活动。为创新创业教育实践体系的构建创造良好的组织环境体系，有效地保证学校创新创业教育的顺利开展。

（三）构建专业教育与创新创业教育融合的课程体系

在专业教育中融入创新创业教育，建立创新创业教育的课程体系。创新创业教育活动课程是根据高等学校创新创业教育目标，根据市场发展和学生自己的兴趣及条件，选择不同项目，以独立或小组合作的形式，用类似创业活动的方式开展的课程形式，主要目的在于辅助专业教育。创新创业教育实践课程是以创业模拟实践和创业实践为主的课程，主要目的在于创业的实践和实战。

专业教育为创新创业教育提供新的观念、技能、能力、思想和理论，为创新创业教育的开展提供了指导；创新创业教育对专业教育的观念、技能、能力、思想和理论进行检验，同时为专业教育提供素材和内容。专业教育与创新创业教育相互融合，将创新创业教育贯穿于人才培养全过程，既发挥了专业教育的知识优势，也体现了创新创业教育的实训、实践优势。创新创业教育课程体系主要包括学科课程、通识课程、活动课程和实践课程等。学科课程是以创新创业教育学为主的一系列课程，是根据高等学校创新创业教育目标和实施创新创业教育的需要，为学生在创业过程中必须掌握的创新创业教育学科。

4. 构建以技术引领为导向的创新创业教育实践支撑体系

高校创新创业教育必须以技术为方向引领，建立起一套完整的“产—学—研”联合教育体系，在能力范围内将能够用于实践教学的基地充分利用好，建立创新创业教育实践支撑体系。创业实践最终要走向市场、走向社会，这就要求创新创业教育实践不仅要整合校内资源，加快高等院校科研成果、学生创业成果与企业需求的融合，还要依托更广阔的社会资源，争取政府和企业对创新创业教育的支持，实现创新创业教育实践项目资源与平台的无缝对接。

高等院校可以通过校友会、大学科技园、所在区域高新技术产业园等机构组建对大学生创业感兴趣的天使投资团，以实现快速融资，也可以与所在地高新技术产业园开展实质性合作，为大学生创业提供免费场地支持，促成大学生创新创业实践体系的完整架构。

三、创新创业教育实践体系的建设

创新创业教育的核心内涵是面向全体学生，结合专业教育，将创新创业教育融入人才培养的全过程。创新创业教育的主要特点是实践性与主体性，即以学生为主体充分发挥其主观能动性注重体验的教学实践特点，通过体验使学生获得创新创业的感性认识与经验积累。健全的高等院校创新创业教育实践体系是使创新创业教育观念转化为教育实践，实现创新创业教育培养目标的重要基础与保障。

（一）教育实践体系构建的主体内容

1. 教育实践体系构建的阶段内容

按照不同的教学目标，遵循实践内容深度的递进、实践技能层次的递进、综合应用水平的递进原则，教育实践活动主要包括基础实践阶段、专业实践和综合实践阶段三个层次。通过这三个实践阶段，学生可以合理地、循序渐进地安排实践教学活动，将创新创业人才培养目标和实践教学内容具体落实到各个阶段，达到学生实践能力、创新能力的培养要求。

第一阶段基础实践阶段，是专业能力初步锻炼的阶段。这个阶段对学生加深理论知识的理解、弥补课堂教学的不足起着重要作用，也是专业实践阶段的前提。基础实践阶段主要包括课程实验、社会调查和参观见习三部分，重点培养学生的基本技能和基础实验能力。课程实验的教学目标是以理论知识为支撑，目的是使学生具备以操作能力为主的基础实践能力，通过实际操作和应用来发现和解决问题；社会调查的教学目标是通过实地调查研究，促使学生去验证和解决课程中遇到的理论性问题；参观见习的教学目的是增长自身专业知识，这主要通过教师带团参观与专业相关的校外单位等方式进行。

第二阶段专业实践阶段，是经过专业知识的系统学习之后，把所学知识运用到科研探索中的阶段。它强调专业实践的重要性，是对学生科研能力培养的有益尝试。专业实践阶段主要包括课程设计、项目实践和专业实训三个部分。课程设计对培养学生提出、分析和解决问题及初步形成科学研究的专业综合能力起着重要的作用，是巩固所学理论知识的重要途径。学生在课堂学习的时间有限内不可能完全掌握学科专业知识，项目实践环节可以让学生根据自己的特长，选择自己感兴趣的某一专业项目，他们可以在教师的指导下，以项目小组的形式组合在一起学习和研究，通过互帮互学，培养团队精神和融汇多学科知识的能力，培养学生设计实践的能力。专业实训主要采用校企结合的形式，由学校教师和企业教师带队，走到实际的工作环境中去，让学生亲身体会到未来的工作状态，帮助学生及早适应工作环境，使其满足行业需求。它是连接校内学习、企业需求的桥梁，是毕业实习的一个提前模拟。

第三阶段综合实践阶段，主要包括科研竞赛、毕业实习等，重点提升学生的综合实践能力和创新能力。在科研竞赛中，学生可以在指导教师的辅导下，参与教师课题研究、科研立项和大学生创新性实验项目等学术活动，也可以参加本专业的各项竞赛活动等，锻炼学生把理论知识与实践相结合的能力。为了让学生在毕业的时候尽快地进入工作状态，适应真实的工作环境还需要进行毕业实习。毕业实习是学生自己到相关企业部门，并没有教师从旁指导，是学生真正投入实际工作中，发挥自己的综合能力，解决问题，给企业创造经济效益的过程。学生在毕业实习中积累工作经验，为就业做准备。在毕业实习阶段，学生专业知识得到了总结和升华，体现出了学生的科研能力和创新能力。

2. 教育实践体系构建的资源环境

教育实践体系的构建需要有一系列教学硬件和软件的提供，才能保障教育实践的顺利开展，这些软件和硬件构成了教育实践体系的资源环境。它主要包括教育实践体系构建的前提条件、环境保障和质量保障等多个方面。完善教育实践管理机制是高等院校教育实践体系构建的前提条件。适合创新创业型人才培养的教育实践体系必须有与之相适应的教育实践管理机制作为其前提条件。

（1）分级组织管理

高等院校教育实践管理实行校、院二级管理体制，由学校负责对教育实践制定相应的管理办法和措施，各二级学院作为办学实体负责教育实践的组织和实施。

（2）教学制度管理

完善教育实践制度，需要实行“弹性学分制”，保证学生获得学分途径的多样性和灵活性，促进学生创新能力的最大化发展。

（3）运行评价管理

高校应建立包括学科专业资源、软硬件条件、校内外实训实习基地等实验教学资源的有效利用和共享开放的机制，保证教育实践资源得到最大的有效利用，为教育实践活动的开展提供可靠的保障。同时，需要为教育实践的各个环节制定相应的评价反馈机制，并利用这种机制来促进教育实践质量的提高，通过评价反馈保证实验教学改革的机制，这对实验教学资源的有效配置与利用起到了良好的监督与指导作用。

3. 教育实践体系构建的基地建设

教育实践体系构建包含基地建设，教育实践基地建设可分为校内实训基地建设和校外实习基地建设两个方面。校内实训基地主要是面向本校师生，采取校企结合的模式，在校内开设企业培训课程，实施企业模拟实践项目，能体现学校管理和专业特色的实训场所。校外实习基地需要依托企业的教师，他们按照企业生产实践的真实需求，参与学生的校外实习教学环节的管理和指导工作。良好的实践环境是培养学生实践能力和创新能力的重要基础，所以高等院校应该确立以校内实训基地发展为核心的思想，稳定与扩展校外实习基地建设，采取校内外结合共建的思路，并将其作为推进高等院校教育实践改革的基本环境保障。高素质的教育实践师资队伍是高等院校教育实践体系构建的质量保障。高等院校已经认识到，教育实践人员已不再是传统观念中的教辅人员，而是教学活动的主体，实践教师队伍素质的高低，直接关系到学生实践能力、创新能力培养的好坏。

（二）创新创业教育实践体系建设的措施

1. 创新创业教育实践管理机构的建立

高等院校创新创业教育在我国经过十多年的摸索和实践，已经取得了初步的成绩并积累了一定的经验。多数高等院校在本校创新创业领导小组的直接指导下，依托教务处、科研处、学工处、团委和就业等部门的相关力量，协调各系部投入创新创业教育实践活动。教务管理部门负责创新创业课程（多为选修课程）教学计划的制订，学生管理部门负责组织、协调校内的创新创业项目比赛活动，科研部门联系有关专家进行评审、检查、讲座培训等工作，并与就业管理部门一道做好学生创新创业成果的催化、孵化和转化。各系部配合各种创新创业教育实践活动，组织师生，提供设备场所进行具体工作。

这种组织工作形式对于面向赛事与项目型实践类活动来讲比较实用，却存在局限于操作层面和技能层面的问题，而创新创业教育是一项全新的、系统的、长期的发展战略，因而要理顺领导体制，着力推进创业教育实践工作。

2. 创新创业教育实践的开展

创新创业教育是一项系统工程。高等院校要想完成创新创业教育的任务，引导学生正确创业，需要将创新创业教育融入各专业学科，把创新创业素质与技能培养贯穿于专业教育实践的全过程。

（1）结合专业实践教学

打好创新创业基础。加大对学生创新思维和创新创业能力培养的力度是制定新的专业人才培养方案的主要内容，建立创新创业人才培养体系，专业实践教学至关重要。创业的本质是创新，是变革。对于创业者来说，仅有创新是不够的，没有创新的创业活动难有后劲。创新需掌握充分的专业基础知识与扎实的专业技能。专业实践教学是帮助学生巩固理论知识、增强动手操作能力的最好手段。专业实践教学内容要结合专业人才的就业、创业需求进行充分调研和论证，根据职业岗位知识与能力的要求，将创新创业知识与能力的培养融合于各门课程之中，有效地组织实施教学实践活动。

不断跟踪行业发展动向，及时调整课程与实践教学环节设置、把握专业学习方向，确保学生所学知识与技能的适用性与先进性，以利于创新创业人才培养目标的实现。此外，各科专业的课堂教学都要尽可能地运用实物教具、视听多媒体教学设备及相应教学软件等，使学生对专业基础知识的学习有更多的感性认识。

（2）推广项目型实践教学

有助于提高学生的创新创业水平。推广以项目型实践为核心的创新创业实践教学模式，让所有学生得到创新思维和创新意识、创新创业能力的训练与培养。项目型实践教学以实现课题项目要求为目标，是对学生专业知识与技能的综合运用能力进行的训练实践，强调的是对学生科研能力与创造性思维能力的培养。项目型实践最能体现学生在创新创业实践中的主体性特点，从项目方案的研讨设计、设施器材的申请准备，到项目方案的执行操作、检测修改，直至目标实现，整个过程都可放手由学生自己完成。学生是项目实践的主角，教师应主动充当配角，起参谋辅助、启发引导作用，让学生更多地感受创新科研的过程与情境，增强他们创新创业的意识和勇气。

创新型项目实践教学可以借鉴“大学生机械创新设计大赛”等系列赛事项目的经验，围绕学生动手能力、实验综合能力、独立思考能力和实际应用能力等进行创新实践能力的训练，开展大学生创新性实验项目，使广大学生得到科学研究与发明创造方向的初步训练，使学生学会利用所学专业知识与技能解决实际问题。创业型项目实践教学可以借鉴“挑战杯”创业计划竞赛等系列赛事项目的经验，培养学生提升人际交往能力、组织管理能力、开拓创新能力、竞争能力和决策能力等创业基本能力和素质。创业过程本身就是创新的一种表现形式，创业实践环节是对创新实践内容的丰富和发展。从某种意义上说，创业能力的强弱反映了一个人的创新精神和实践能力的强弱，创业教育与创新教育在人才培养目标上是高度一致的。

3. 创新创业基地的建设

高等院校创新创业实践基地是培养学生创新意识、创造能力和创业意识的重要物质基础。校内创新创业基地与大学生创业园和校外实习基地的有机结合，为大学生创新创业实践提供了平台。

(1) 共享已有校内实践资源，统筹营建创新创业基地

为有效地提倡节约环保、资源共享的理念，校内创新创业实践基地建设可以以学校现有科研实验场所、实验仪器设备等专业实践教学资源为基础，根据创新创业人才培养的基本技能实践、创新项目实践和创业项目实践等类型的需要，对其规模、功能和结构进行系统研究，通过统筹规划与调配、适度重组与补充的方式，尽可能地减少重复建设，最大限度地合理利用实验室的仪器设备资源，挖掘更多的实验功能：提倡建设开放性实验室，在满足正常的教学、科研工作基础上，对需要进行创新创业项目实践与基本技能训练的同学也可安排一定时间将试验室予以

开放以发挥实验室对学生创新创业素质的培养作用，鼓励学生开展探究性的学习与研究。校内创新创业基地是学生创新创业能力培养的基础性实践平台。

（2）搞好大学生创业园建设，发挥其创业人才培养的功能

大学生创业园或科技园的投资主体主要是政府、大学和少数企业，是我国高等教育体系的重要组成部分。园区融大学生创业实践、创业孵化、创业培训和创业服务功能于一体，是促进高等院校“产学研”结合，开发大学生创新思维，对大学生进行创新创业教育实践培育的重要基地，各高等院校建立的创业园或科技园也都会结合其特有的专业属性，而大学生初创企业多数与学生所学专业有关。初创企业以科技型、信息型等产业或行业为主，大部分是中小型企业。园区鼓励大学生将实验室研究的成果和创新项目带到基地进一步研究开发，并通过提供法律、税务、财务及政策信息服务等帮助初创企业规避创业风险，提高企业的成活率。园区还有着创新创业教育培训的功能，可以在孵化基地举办典型经验介绍、创业企业观摩等多种形式的培训，以提高大学生的创业技能。

对于大学生来说，进入这些园区企业参加创业实践，感受过真实的创业活动，可以使他们的潜能得到进一步的开发，这种培养模式是学校教育的重要补充。高等院校应充分利用大学生创业园、科技园，为高等院校毕业生和在校大学生提供良好的创业环境，使之成为高等院校创业孵化基地，成为创新创业教育的实践基地。

（3）深化与校外实践基地的合作，强调创新创业教育理念

校外实践基地是学生在校期间结合专业学习、走出校门接触社会生产实际的重要实践场所。通过参观见习、生产劳动实习和毕业实习，学生的专业技能、社会劳动适应能力、职业道德修养和创新创业实践能力得以提高。学生在实践中可以全面了解与体验实习单位的机构设置、工作流程、管理制度、产品与服务的市场行情和企业文化等诸多方面，这些为学生未来的就业、创业储备了知识，积累了经验。

学校要重视和加强校外实践基地的建设和维系，积极与企业、单位合作，发挥自己的科研优势，与他们一道克服技术难题，开展产品研发，互利互惠，实现校企双赢。学校与企业、单位的合作可以使教师的教学、科研内容更加结合实际，使学生的创新创业有的放矢。学校应充分利用校外实践基地这一平台，发挥其创新创业教育实践的资源优势。

4. 创新创业教育实践的资金保障

高等院校创新创业教育实践工作要想得到长足发展，需要得到持续有力的资金保障。对各高等院校而言，创新创业教育是一项长期的战略发展目标，是一种投资于未来、投资于长远、受惠于学生、受惠于社会的事业。大学生创新创业需要启动资金，具有一定的投资风险。受到资金条件的限制，各高等院校慎重评估、审核学生申报的项目，能够真正实施的少之又少，创新创业受益面非常有限。

大学生创新创业实践缺乏启动资金是其发展过程中的瓶颈。创新创业教育实践工作是一项系统性工程，各种实践活动的开展、实践基地的建设、对师生进行的教育培训、创新创业机构自身的科研与日常运行等也都需要相应的财力予以保障。创新是一个民族进步的灵魂，是国家兴旺发达的不竭动力。高等院校要把创新创业教育实践放到重要的战略地位。我国创新创业教育仍处于起步发展阶段，大学生创新创业教育实践体系是一个庞大的体系和工程，需要投入大量的人力、物力、财力及政策信息资源的支持。高等院校创新创业教育实践体系的建设需要教育部门领导与广大师生共同关心，切实努力，才能迈上健康且迅速发展的轨道。

第三节　劳动教育与创新创业教育的深度融合

高等教育的目的是培养德、智、体、美、劳全面发展的人才，而加强劳动教育则是中国特色高等教育的显著特点，是扎根中国大地办大学的本质要求。尊重劳动者，认识劳动价值，坚定理想信念是高校培养人才的应有之义。劳动教育是构建全面教育体系不可或缺的一环，对新时代大学生加强劳动教育，倡导劳动崇高、劳动伟大的观念，必将使其崇尚劳动价值、追求劳动创造、尊重劳动主体，以辛勤劳动为荣，以好逸恶劳为耻，不断成长为有理想信念、有过硬本领、有责任担当的建设者和接班人，从而实现“以劳树德、以劳增智、以劳强体、以劳育美、以劳创新”，促进学生德、智、体、美、劳全面发展。劳动教育是完善人才培养目标的重要抓手。

一、劳动教育融入创新创业教育的必然性

（一）创新型人才培养的要求

创新创业是体现智力劳动和复杂劳动的实践过程，高校创新创业教育在培养大学生的创新精神、创业意识的过程中，有必要融入和强化包含劳动观念、劳动习惯和劳动技能在内的劳动教育，有必要大力弘扬劳模精神、工匠精神和劳动精神，让大学生在学校的创新创业学习和实践中热爱劳动、崇尚劳动，愿意参与劳动，增强劳动带来的获得感，树立劳动光荣、创造伟大的正确观念。从教育内容和教育目标来看，劳动教育和创新创业教育的融合有助于塑造大学生的劳动观和创新观，有助于培养大学生的综合素质，更有助于大学生的成长成才。

（二）实现劳动创新的重要举措

在创新创业教育中，劳动扮演着重要的角色，这有利于完善人才培养体系，体现德、智、体、美、劳的全面发展教育，促进精益求精的敬业风气，推动劳动光荣的社会风尚。要做到以劳创新，需要把劳动教育摆在人才培养的重要位置。明确劳动教育目标，采取有效的措施，强化推动部署，将劳动教育贯穿于创新创业教育教学全过程，不断地提高劳动教育的水平。

1. 劳动教育有助于增强创新创业教育的普适性

首先，我国创新创业教育在理论基础和实践经验方面还处在探索中，对创新创业教育的理论研究和实践不够，部分高校倾向于赛事活

动，辐射面窄、影响力弱。其次，高校创新创业教育注重的是创新创业知识的培养，将劳动教育融入创新创业教育，既有助于增强高校创新创业教育的普适性，提高创新创业资源的覆盖面，也有助于为创新创业教育提供方向保证，促进学生全面发展和个性发展，将创新创业教育的功能最大化、最优化。

2. 劳动教育有助于增强创新创业教育的实效性

首先，创新创业教育与劳动教育在目标上具有一致性，劳动教育与创新创业教育的融合有利于增强思想教育的实效性。帮助大学生树立正确的劳动意识和观念，更能在导向和精神上促进其增强创新意识和创业精神、坚定人生理想。因此，高校将劳动教育融入创新创业教育中，既助力大学生在求职和创新创业中更坚定理想信念，又能增强大学生实现个人发展的现实可能性。其次，劳动教育也有助于增强创新创业教育实践层面的实效性。在创新创业教育过程中，高校可通过劳动实践，提高大学生创新创业教育的实效性。

劳动教育与创新创业教育相互融合、相辅相成，创新创业教育的开展离不开劳动教育对其进行劳动价值的引领，劳动教育的开展也离不开创新创业教育及其实践活动。只有将两者融合，才能更好地协同促进大学生的全面发展。

二、高校劳动教育融入创新创业教育的实践路径

（一）充分认识劳动教育和创新创业教育的融入关系

从顶层设计看，两类教育的融入要有科学合理的政策依据、制度体系和保障措施；从实际实施看，两类教育的融合要遵循教育教学规律，符合教育教学要求。一是完善培养方案和课程体系、改进教学方法，如健全创新创业、劳动学分认定制度，实行弹性学习制度等；二是建立一支专职、兼职相结合的多元化教师队伍，用好专业教师、能工巧匠和劳动模范，保障劳动教育教师队伍的稳定；三是合理利用资源，校内依托创新创业实验室，校外借助实训实践基地；四是强化实践，以学生为中

心构建实践教学体系，增设体现劳动教育的综合实践活动课程，有效地增强学生蕴含劳动精神的创新创业能力；五是编写融合劳动教育的创新创业教育校本教材，结合实际开设劳动教育课程，使劳动教育融入课堂，形成“专业＋劳动教育”的立体化课程体系。从效果评价看，两类教育的融合需得到社会、市场的反馈和认可。

（二）培育创新精神，树立创业意识，激发劳动创造力

大学生有较强的自我意识，受教育程度较高，思维活跃，容易接受新鲜事物，富有创新精神和创造性，有可塑性、发展潜力和强烈的创新创业愿望，通过融入劳动教育，大学生更能结合实际选择行之有效的成长路径。因此，创新创业教育离不开劳动教育的引导，要激发大学生的劳动创造力，促使其发掘自我潜能，提升其创新创业能力，从而创造劳动价值、个人价值和社会价值。

高校培育创新人才，要通过劳动教育的价值引导，培育大学生的创新精神和创业意识。如果缺乏劳动意识的引导，创新创业活动将失去劳动根基。大学生在创新创业过程中实现自我价值的意识越强烈，越能促进他们通过劳动实现人生价值，激发其劳动创造力。

（三）丰富创新人才培养方案，使人才培养更具活力

高校要将劳动教育与创新创业教育的融合贯穿于人才培养的整个过程，并将其融入校园文化当中，在制订人才培养方案时，将劳动创新能力、劳动创业意识的培育作为教育目标之一。劳动教育融入创新创业教育是一项复杂的系统性工程，要引导学生关注社会新动态，高校内部各部门要整合、出台相应的配套措施，做到各职能部门定期沟通、协调联动。同时，高校要发挥与家庭、社会、政府协同育人的优势，协同培养创新创业型人才，发挥各个育人环节的资源优势，使协同育人作用最大化。除此之外，在育人目标上，高校要始终坚持劳动教育观念，构建劳动教育融入创新创业教育的高校人才培养体系，这不仅使课程更有针对性，而且使培养过程更具活力，更能激发学生的无限潜能。

（四）完善“创新创业＋劳动教育”的课程设置，提升学生的实践能力

劳动情怀是对劳动饱含的深厚感情，培育学生感受劳动光荣、崇高、伟大和美丽的情感是劳动教育中不可或缺的内容。在创新创业教育中，一方面，高校要引导大学生努力学习科学文化知识；另一方面，高校还要教育他们坚定理想信念，培育其具备劳动情怀，使其自觉地把人生理想、家庭幸福融入实现中国梦和国家富强、民族复兴的伟业中。课程是育人的基本途径，在劳动教育与创新创业教育的融合过程中，课程的设置关系到学生应具备哪些知识结构。融合课程除了要提高学生的劳动意识，将劳动情怀根植于学生内心，还要有的放矢地通过“创新创业＋劳动教育”体系，提升大学生的实践能力。

学校的“创新创业＋劳动教育”体系以课程为载体，涵盖大学生素质教育、能力培养两个层面。在英国的创新创业教育中注重培养学生的劳动实践能力，鼓励师生走出校园，在实践中培养具有劳动精神且全面发展的创新型人才。高校在课程和实践环节要着力加强，一方面，结合专业的课程，在专业中融入“创新创业＋劳动教育”，让学生深刻认识到尊重知识、尊重创造的过程中尊重劳动；另一方面，通过创新特色课程，培养学生的劳动价值观，培育其劳动意识，以鲜活的劳模、大国工匠等榜样充分阐释新时代劳模精神的丰富内涵。

（五）围绕创新创业实践活动，激发学生全面发展的内生动力

劳动教育的内容具有实践性特点，而创新创业教育从根本上说是劳动实践。在创新创业实践过程中，通过课内教学、课外活动和校外实习等实践形式，在培养学生创新精神、创业意识和创新创业能力的过程中增强学生的劳动意识，提升其劳动能力。一是课内教学实践，引导教师和学生重视并有效利用实验实践教学环节，加强实操实训等体现劳动技能的课堂教学活动，开展以“劳动＋”为内容的学生创新创业类科学研究；二是课外活动实践，鼓励学生通过各种课外活动来增强劳动意识、提升劳动能力，让学生尊重劳动者、理解劳动平等。在深入开展大学生

创新创业工作中，扩大学生的劳动参与度。鼓励学生参与社会劳动实践，在寒暑假和实践周让学生到基层参与生产劳动，参观实训基地，根据专业特点，讲述劳动者的故事，弘扬劳动精神。学校经常开展各类创新创业训练计划等实践活动，使学生在实践中体验劳动的获得感。学校还可以成立学生创新创业社团，开展创新创业讲座、沙龙和路演等实践活动；三是校外实习实践，通过鼓励学生参与创新创业项目、志愿服务和暑期社会实践等活动，增强其劳动技能，促进其全面发展。

（六）搭建创新创业与劳动教育融合平台，推动多方协同合力

高校建设的创新创业项目孵化基地也是劳动实践和劳动创造的实践平台，对学生获得真实的创业体验和劳动体验起着积极的推动作用。很多高校建立大学生创业园，不仅聘请校内外创新创业导师，面向全校范围遴选项目团队，而且提供免费使用创业园区办公场所和公共设施的条件，甚至向项目团队提供数目可观的创业基金，为创新创业项目搭建指导服务平台，实行全程指导和服务，同时还充分利用社会资源，如把企业请进校园。

在创新创业教育与劳动教育相融合的过程中，高校要加强与企业、劳模共同育人的模式，建立融合平台。首先，促进高校与企业的结合，鼓励企业将研究机构设立在高校，为学生提供劳动实践机会，将劳动教育融入其中。其次，发挥劳模作为创新创业导师的优势，凭借其丰富的人生经历和工作经验，为在校大学生开设劳动教育课程，树立榜样形象。最后，利用企业与高校共同搭建的平台资源，将教学实践场所延伸到校外，结合社会需求开展创新创业项目的实践活动，以更好地发挥多方协同的合力，实现实践育人。

（七）加强培育“双师型”教师队伍，提高对学生创新劳动的指导力

随着高校创新创业教育与劳动教育融合的需要，选聘和培育“双师型”教师，建立一支劳动教育和创新创业教育相结合的双师型师资队伍已势在必行。双师型教师不仅要具备理论教学的素质，还要具备指导学

生实践的素质，能通过劳动实践经验，将劳动教育与创新创业教育相融合，对学生进行专业的、有针对性的指导，能够按照市场、职业的需求，通过劳动教育，进行创新创业的知识传授及实践技能培养，促进学生创新创业能力的有效提升。加强双师型教师队伍建设，一方面，要建立教师培训机制，加强对教师进行劳动教育与创新创业教育相结合的培训，同时组织教师到企业挂职锻炼，鼓励教师参与行业的劳动及创新创业实践；另一方面，高校应积极聘请优秀企业家和优秀创业者等社会人士担任创新创业导师，聘请全国劳模担任兼职辅导员，在创新创业指导中发挥劳动教育的榜样引领作用，使社会劳动教育与高校创新创业教育相结合，不仅能培养学生的劳动技能，还能让学生更多地从导师指导的社会实践中汲取劳动经验，从而培养社会需要的创新型高素质人才。

第五章　创新创业教育的实践探究与路径

第一节　创新创业教育的实践探究

一、“广谱式”创新创业教育的体系构建

（一）“通识型”启蒙教育

“通识型”启蒙教育的方法主要是“课堂教学”和“参与体验”。课堂教学需要着重解决两个问题：第一个是教学内容的问题。有关专家学者曾通过教室学习环境和企业具体实际情况之间的对比，发现学校过于注重过去，把重点放在了对信息的理解分析上。与此相比，企业家更加注重当下，他们更多的时间是用在解决问题上，利用自己的经验，在处理问题中学习。由此可见，课堂教学要充分考虑企业家具体实际的学习环境，教学内容要侧重于现实，聚焦于解决当下的实际问题。第二个是教学方法问题。在这方面，要注重利用探究式和采取案例式的教学方法。但是案例式教学的实际效果也并不都是好的。由此可见，案例式教学方法只是一种教学手段，最重要的是如何利用它来达到教学目的，教学方法的前提是将学生放在主体地位，培养学生独立自主决策和创新创造性实验的能力，以此来提高他们的创新创业能力。

（二）与专业结合的“嵌入型”教育

1．分专业、分阶段、分群体嵌入，提升课程的针对性

“嵌入型”创新创业教育的主要目标是根据不同学科特点，引导学生根据专业特长进行创业。目前需要全面建设“嵌入式”创业教育课程

体系，通过将创业教育的理念和思想“嵌入”各个学科专业，开发多样化的学科创业课程，从而实现创业教育与专业教育的“捆携式发展”，以此来达到面向全体学生开展创业教育的“全覆盖”和“个性化”目标。

很多研究创业教育的学者在论证创业教育与专业教育的关系时，普遍提出了“渗透式”“融入式”的思路，将创业教育的内容全面“融入”专业教育，或者是在专业教育中“渗透”创业意识、创业精神。因为学科专业的课程由不同学科的教师开设，已经形成了固定的课程范式，在原有框架的基础上融入和渗透创业教育的意识和精神，往往会体现为教学大纲中的指导思想，却不会在实际教学中付诸实施。

2. 推进“嵌入式”创业教育课程与专业的深度结合

首先是创业教育“嵌入”单一学科，促进创业能力培养与专业能力提高相结合。这一做法重在“将科技的威力与创业精神相结合”，因为成就非凡的工程师不仅具有学术的造诣，而且拥有创业型的技能。通过这种结合既培养具有科技专业知识的企业家、知识创业者，也培养具有企业家素质的科学家、工程师和大学的“平民学者”。这种实践模式抓住了大学生创业的关键，即高科技创业，这是克服当前中国大学生创业同质化倾向的重要途径。

其次是创业教育“嵌入”多学科，促进创业体验教育与多学科交叉结合。在很多情况下，阻碍研究成果商业化的根源并非是技术本身的问题，而是导致商业化过程变得复杂的法律问题或者市场问题。解决这一关键问题的具体途径就是构建团队来开发和利用商业创意，使经济、商业的学生和其他学院不同背景的学生混合在一起学习。以创业为共同目标，将不同专业的学生聚集到一起，为多学科交流搭建平台，可以切实地打破不同学科之间的分离状态，为从交叉领域诞生创业机会奠定坚实基础。

创业教育与专业教育紧密结合，开发建设“嵌入式”创业教育课程有着明显的优势和重要意义。其中最大的优势在于大学、教师、学生可以三方获益，特别是通过鼓励可以吸引不同学院的教师参与到创业教育过程中，从而有利于改变创业教育在专业教师心中的印象，有利于把创业教育纳入整体育人体系和专业人才培养方案之中，进而提高创业教育的学科地位。

除此之外，在组织模式、教育方式和科技成果转化方面，“嵌入式”创业教育也有着明显优势和意义。

第一，从组织模式上来看，实现了重心下移。由学校就业或创业教育中心直接组织，变为在就业或创业教育中心的统一协调指导下吸引各个学院和学科专业来共同组织，这样就突出了学院和学科专业的主体地位，既调动了学院教师和学生的积极性，又便于充分考虑和照顾不同学科专业的实际特点，实现了“全覆盖、个性化”的教育培养目标。

第二，从教育方式上来看，促进了学思结合、知行统一。专业教育可以教会学生系统的知识，具有不可替代的作用和地位；而知识创业教育基于知识创新与创业过程的现实逻辑，是自然科学、工程技术领域专业知识与人文、社会科学领域的多学科知识交叉综合的体系教育，注重学术实用性和实践性，培养的是具有自主知识创新能力的创新、创业型人才，也是“研究—工程技术应用—创业”的三栖人才。从“两栖”到“三栖”的转变，体现出通过开展创业教育，培养学生的创业意识和创新思维，可以充分活化学生的专业知识，激活其结合社会、实际应用的智慧，弥补单纯专业教育的不足。

第三，从科技成果转化方面来看，推动了创新成果的市场化和商业化。各个学科专业的新发明、新专利、新创意、新热点都有可能成为创业的增长点，关键是如何发现其中蕴含的创业潜力，并将思路转化为商机，迈出知识资本化、技术产业化、创新商业化、产品市场化的关键步伐。结合学科专业开展创业教育，可以很好地解决这一问题，使学生开阔眼界、增加阅历，使学科专业的研究与社会需求紧密结合，缩短创新周期，抢占创业先机。

（三）“专业型”的创业管理教育

“专业型”创业管理教育的主要目标是提升学生创业实战技能，培养其实际创办企业的能力，主要通过开办创业先锋班进行。“专业型”创业管理教育也称为“单纯的创业性教育，是创建企业的教育，是培养创业者的教育”。“专业型”创业管理教育要培养受教育者形成创业所必需的领导力与决策力、全球化的视野、敏锐的市场洞察力、务实踏实的工作作风、锲而不舍的意志品质、组织协调能力以及与人沟通的技巧，还包括商务谈判、市场评估与预测、启动资金募集等多方面教育，以使受教育者具备金融、财务、人事、市场、法规等方面的基本知识。通过专业性教育，这些学生能够在大学期间系统地接受创办和管理中小企业的知识和技能，提高驾驭能力和规避风险能力，减少无谓的失败，从而提升创业成功率。

（四）“职业型”的创新创业“继续教育”

“职业型”创新创业“继续教育”的主要目标是提供职业化的教育、咨询、培训、服务和力所能及的创业援助，帮助创业者度过企业初创期。以上所说的三个层次的创业教育，都是针对在校大学生群体开展的。实际上，当前中国最为缺少的是针对另外一个群体的“继续教育和援助”，这个群体就是毕业时选择创业的群体。那些在毕业时选择创业的毕业生会面临多方面的困难，在他们最需要帮助的时候，母校就是他们最坚实的依靠。学校要通过力所能及的各种途径和方式，对创新创业的毕业生开展援助，为其快速走向正轨提供帮助。

二、“广谱式”创新创业教育的生态建设

（一）“广谱式”创新创业教育生态系统的主体

高校作为“广谱式”创新创业教育生态系统的主体，是整个生态系统建设的核心。对于我国创业教育生态系统而言，首先要将高校定位为系统的主体。无论是外界资源输入，还是创新创业型人才与智力资产输出，都需要以高校为核心进行，充分发挥高校在教育方面的优势，将创

业教育融入社会中，使创业教育理论与实践相结合，智力资产与互补性资产相对接，“有形的手”和“无形的手”相协调，真正发挥出高校作为创业型人才培养实施者、智力型资本激发引导者、新创型企业资源融合者的主体作用。可见，高校是整个创业教育生态系统的资源枢纽中心，也是创业者获得创业知识、创业技能，建立创业意识的重要场所。国家、社会、企业对创业教育的支持通过高校创业教育生态系统才能发挥作用，才能将创业内化为受教育者的思想观念，提高他们创业的能力，才能外化到创业行为上来，通过培养出具有创新创业素质的新型人才反哺创业教育的其他“生态环境因子”。

在当前的现实环境中，多数高校难以将建设创业型大学作为学校的发展战略，同时，创建创业型大学并非创新创业教育生态系统建设的必由之路。创业型大学当然会有结构完整、功能完善的创新创业教育生态系统，但也不否定同样的生态系统在现有大学中诞生。在现有大学体系框架内，综合分析国家发展战略、现实国情特点和教育政策导向，科学界定“广谱式”创新创业教育体系的价值意蕴，以人的自由和全面发展作为价值取向，确立“大创业教育观”，实现全覆盖、分层次和差异化教育，形成“广谱式”创新创业教育生态系统的基本定位。在此核心价值体系的指导下，构建课程教学体系和实践教育体系，将其作为这一生态系统的核心内容和实现途径；构建“广谱式”创新创业教育的运行体系和评价体系，将其作为这一生态系统的基本保障和动力源泉。

1．价值体系

创业教育的价值在于为高等教育带来了新的发展方式，它的指导思想以及价值取向取决于高等教育如何看待创业教育，给予了创业教育怎样的教育地位。创业教育不只是对教育方法和教育内容进行的革新，更是对教育功能的重新定位，代表了教育未来发展的新追求，代表了教育结构性的全面改革。创新教育展现出的价值是由其自身的教育理念的高度决定的，也是由社会发展的需求决定的。以创业教育的指导思想和价值取向高度为基础，可以从四个方面进行“广谱式”创新创业教育价值体系的建构。首先明确“广谱式”创新创业教育的教育内涵，确立“大教育观念”；其次，为创业教育寻找理论支撑和实践支持，主要可以通过研究国际上创业教育应用的实例，分析创业教育的教育对象、教育体系和教育方法，创建我国的创业教育价值体系；再次，“广谱式”创新创业教育价值体系应该以人为本，尊重人自由发展、全方位发展的需求；最后，“广谱式”创新创业教育的教育方式是面向全体学生进行的，创业教育的主要教育途径是结合专业教育开展的，创业教育的科学载体是进行系统性的人才培养。

“广谱式”创新创业教育的价值体系是科学的、宏观的、整体的、全面的。

这些价值体系的确立需要以强有力的组织领导和研究团队作为保障。首先，高校要重视“广谱式”创新创业教育的重要性，将创新创业教育融入办学理念中，确立这一教育思想的地位，形成关于创新创业教育的领导组织。大学的创业教育组织需形成“纵横交错”的网络体系。纵向由校级创业教育领导小组、创业教育管理机构、创业教育活动组织及各教学单位构成多层级的创业组织，协同推进创业教育；横向由发展战略管理处、创业管理处、社会合作处、教学质量监控中心和就业创业指导中心等机构组成。创建创新创业教育的领导负责机制，并成立如创业学院或创业中心等相关部门，为“广谱式”创新创业教育价值体系的落实提供保障。其次，要形成专门的研究机构和研究队伍。“广谱式”创新创业教育在我国还属新兴事物，需要有专业的研究队伍进一步探索研究，研究先行才能确保理性实践，推动理论与实际相结合，做到边建设边反思，保障这一价值体系的科学性和建设方向的正确性。

2. 课程教学体系

课程教学体系是创新创业教育系统工程的枢纽与核心，其建设情况直接决定着培养目标的达成程度，决定着创新创业教育向纵深发展的生存空间和社会价值。对于“广谱式”创新创业教育课程体系建设来说，当前最为重要的是科学构建这一课程的模块结构、核心方法和培养目标。

（1）构建多层次、立体化的创业教育课程模块

通过具体考察美英等国创业教育名校在课程设置上的具体做法，深入研究经典的“创业学”“创业管理”等通识性课程结构，吸收借鉴既有研究成果，探索构建专业学习、通识课程、个人体验、创业试验“四位一体”的创业教育课程框架模型。

（2）结合社会需要和教育规律，科学设定“广谱式”创新创业教育目标

在高校人才培养体系框架内确定社会责任感、创新精神、创业意识和创业能力培养四个方面的创业教育总目标，并根据社会现实状况、办学层次与类别、学生自身条件等因素确立三个分层目标，即具有良好创业素质的社会公民、自我工作岗位的创造者、新型企业的创办者。在此基础上，建设纵横结合的“差异化”创新创业教育目标体系。

具体而言，当前迫切需要开发建设以下四个层次的课程。

第一，高校要积极响应国家及地方的相关文件及规定要求，结合形势需要、地区实际、校本性质制定相应的课程标准，规划建设普适性好、理论水平高、实践特色鲜明的“广谱式”创新创业教育系列课程，完成创新创业教育的通识教育，培养学生的创业精神，唤醒学生的创业意识，让学生获得基本的创业知识和技能。

第二，要根据相关专业特色，将“广谱式”创新创业教育的相关要素嵌入专业课程当中去，在各专业的教学大纲中都加入创业课程，形成创新创业教育的辐射模式，指导学生在学习专业知识技能的同时提升自身创新创业能力和素质。

第三，面向有明确创业愿望，在大学期间就想创业或是下定决心毕业时就创业的学生，通过开办创业先锋班、创业精英班等方式，系统开发“专业型”创业管理教育课程，全面提升学生创业实战技能，培养实际创办企业的能力。

第四，面向初创企业者，开发“职业型”创新创业“继续教育”课

程，以职业化的教育、咨询、培训、服务和专业化的创业援助，帮助创业者度过企业初创期。这种通识与专业相结合的课程设置有助于保障“广谱式”创新创业教育的“全”和“专”相结合的目标，既保障了全体学生能够接受创业教育熏陶，又实现了有明确创业愿望的学生通过自身专业技能实现自主创业的目的。

3. 实践教育体系

创新创业教育突出强调理论与实践的联系和互动，具有十分重要的实践性特征。课堂教学和课外实践是高校创新创业教育生态发展实践体系的“两翼”，教学与实践的有机结合，将会使学生的专业技能和创业知识得到同步提升。创业教育不能仅仅局限在课堂之内，而是将课程教育与实践教育紧密结合，搭建起供大学生在“干中学”，进行创业参与、体验的实践教育平台。为此，需要从以下四个方面努力探究。

第一，开展创新创业能力结构研究，按照构成能力的“岗位技能、社会技能、道德素养、自我意识和灵活性”五个一级维度，构建创新创业能力分类培养体系。

第二，开展实践教育平台建设，从就业市场、创业园区和培训中心三方面入手，构建课内课外相补充、实践教育与理论教育相结合的教育体系。

第三，开展创新创业实践教育竞赛活动功能研究。通过跟踪调研近年来全国创业计划大赛主要获奖者后续发展情况，深入研究竞赛活动的教育效果和完善途径。

第四，探索创新创业实践活动与专业实践教学的结合机制，开展“拔尖创新人才培养实验班”和“创业实验室”实证研究，分群体构建实践教育体系。

4. 运行体系

创业教育需要学校、社会以及政府的全体参与，是开放式的教育。创业教育的运行需要建立科学有序的体系，体系是创业教育高效运行的保障，只有建立良好的运行体系才能保证创业教育快速、科学、高效地发展。也就是说建设运行体系时要以长远的眼光、宽阔的视野积极整合社会各方面的资源，为“广谱式”创新创业教育打好基础，做好保障工作。

首先，运行体系的建设应该注重对环境的建设。可以对国内外的创业教育实例展开分析，寻求创业教育的发展原则，为创业教育发展创建有力的教育环境。与此同时，可以对创业教育展开系统的梳理，借鉴产学合作、创业教育网络等方法，探索中国创业教育进行技术商业化、知识资本化的有效途径。除此之外，可以通过大学对区域经济建设的参与为创业教育提供提倡创业、尊重创业、宽容创业失败的良好社会环境和文化氛围。

其次，运行体系的建设应该注重研究管理机制。研究管理机制将管理机制融入学校的教学领导体制和教学工作体制，融入学校专业教学体制与专业教学平台进行创业教育，融合到核心的教育课程体系中。研究管理机制将管理体制和专业学科的实践教学进行连接，搭建创新创业教育的教育实践平台。

最后，运行体系的建设应该注重研究师资队伍的建设工作。研究师资队伍的建设应该研究教师开展创业教育需要的基础知识和培养策略，注重岗前培训。除此之外，还要注重对学生实行激励制度，对荣获优秀成果的教师、学生给予表彰，还应该聘请专家对教师进行相应的培训。

5. 评价体系

评价是保证创新创业教育能够持续高水平、高质量发展的前提，所以在开展创新创业教育的同时，必须跟进评价体系的建设。需要建立科学有效的评价指标，明确创新创业教育的价值作用和产生效果的有效边界，只有在此基础上展开的效果评价体系建设才能是有效的。我国高校的创新创业教育评价体系的当务之急是建立一套和教育需求相匹配的评价体系，综合考量主观因素和客观因素的影响，形成整体性、模块化的评价体系。

首先，应该正确认识到创新创业教育评价体系的特殊性，评价应该针对短期目标和长期目标分别设计不同的评价方案。

其次，创新创业教育的评估标准应该多元化。传统的评价主要以学生成绩为主，这种评价方式无法展现学生的真实水平，所以在创新创业教育的评估标准中应该加入学生参与创业的频率、创业的成功概率以及创新的数量统计、质量评估等。

最后，应该建立健全创新创业教育的质量指标体系。体系的形成有助于形成整体的指导思想，进行模块化的评价指标体系建设，实现创业教育的整体性评价和单项评价功能。在此基础上与教学质量评价体系、管理评价体系、学生状态评价体系相结合，形成综合性的常态化的评价机制。

（二）"广谱式"创新创业教育的"生态环境因子"

建设"广谱式"创新创业教育生态系统既是创新创业教育由初期探索向中期提升发展的必然要求，也是我国创新创业教育由自发探索转向内涵发展的必由之路。通过建立这一良性循环的创新创业教育生态系统，形成创新创业教育动态有序的生态圈，既破除了传统认知教育的格局，使创新创业教育更加主动地适应了我国社会发展的需要，又为整个高等教育的优化提供了有效支持。

在"广谱式"创新创业教育生态系统模型中，"一个主体三个因子"各司其职，分属不同的角色。高校是系统运行的核心，通过科学界定价值取向以明确基本定位，通过构建课程教学体系和实践教育体系以明确核心内容和实现途径，通过构建运行体系和评价体系以明确基本保障和动力源泉；创新型国家是系统运行的有力主导，其不仅是政策的制定者，也是政策的监督执行者，以政策和立法措施拉动整个系统不断运行发展；创业友好型社会是系统运行的环境保障，所有的创业活动最终都是在社会大环境中进行的，它既为创新创业教育系统提供了硬件服务，也提供了文化舆论上的软性支持，创新创业教育的成果在创业友好型社会中才能真正发挥效用，因此说社会是系统运行的保障环境，是整个系统的地基；创业型企业是系统运行的外围助力，是创业者需要的资金、实践和技术支持的可靠的扶持者。

1.“广谱式”创新创业教育生态系统建设的主导力量

21世纪是知识经济时代，科学技术已经成为推动经济社会发展的主导力量，国家竞争力越来越体现在以自主创新能力为核心的科技实力上，建设创新型国家已经成为包括我国在内的许多国家的战略选择。创新型国家并不是一个具有严格内涵和边界的概念，而是我国对以创新为主要发展动力的国家的一种概括和总结。学术界对于创新型国家的定义是：“把科技创新作为基本战略，大幅度提高自主创新能力，形成日益强大的竞争优势的国家。”

国家的创新能力直接影响着科技成果转化和产业结构升级，而创新能力的增强很大程度上都是依靠高等院校的科研转化和大学生的创新创业活动实现的。大学生这个群体相较之其他群体更适宜创业，也更符合创新型国家建设的发展方向。一方面，大学生掌握着丰富的知识，有创业的想法，勇于拼搏，思维创新，富有创造性，是知识型创业的重要主体；另一方面，大学生思维活跃，创新创业潜力突出，其创业的方向、涉及的行业领域能够满足我国经济结构升级的需要，是我国建设创新型国家的主要经济增长点。从我国创新创业教育的发展历史看，其发展模式主要是以国家引导为主逐渐发展起来的，国家在整个系统中居于不可撼动的主导地位，决定着创业教育的发展形势和方向，在整个系统中发挥主导作用。

国家的政策决定创新创业教育的发展方向、实践形式和保障力度。从西方国家建构创业服务体系的经验来看，国家在创新创业教育的发展过程中起到了举足轻重的作用。

政策支持对于“广谱式”创新创业教育生态系统来说是重要的外部

支持因子，国家应将“广谱式”创新创业教育体系纳入创新型国家建设的发展战略高度上来，高度重视创新创业教育在科技创新、人才培养和经济推动方面的重要作用，制订和实施全方位分层次的创新创业教育国家计划，出台鼓励和保障“广谱式”创新创业教育生态系统运行和发展的政策。

2. “广谱式”创新创业教育生态系统建设的环境保障

创业环境的好坏直接影响着创业倾向、创业机会和创业能力的发挥。社会创业环境和所能提供的创业服务对受教育者创业实践的支持和帮扶程度，直接决定着创业行动的顺利程度。社会是“广谱式”创新创业教育生态系统的“大气层”，影响着创业教育的实践效果，为创业者的实际行动提供了必要的环境保障。具体而言，社会对创业教育的影响主要表现在社会成员的创业观念和创业成就对受教育者的创业意识和行为选择的影响。

社会对创业教育的作用主要体现在文化支持和服务支持上。一方面，作为创业实践的主阵地，良好的社会文化和舆论氛围有助于提高创业者的积极性和创业倾向，对创业者予以最大限度的理解和支持，能够点燃创业者的激情，进而驱动创业行为；另一方面，社会为创业者提供的创业服务、资金扶持、信息供给都是新创企业必备的条件，这些文化和服务在精神上和物质上为创业活动的实施提供了可能。如果说学校的创业教育给予创业者创业知识和创业技能，让创业意向成为一颗亟待发芽的种子，那么创业教育社会生态因子就是让种子发芽和生长的阳光雨露，其为创业行为提供养分和空间，为创业者实现创业目标提供必要的支持条件。

（1）文化支持

良好的创业文化环境可以激发、推动大学生创业活动的开展，社会各界应形成尊重创业、支持创业的良好社会氛围。

①应树立正面的创业教育社会舆论。要加强宣传，在全社会形成创

业光荣、创业可敬的风气，支持大学生的创业计划，理解他们的创业行为。

②要在全社会形成正确积极的创业观。要树立大创业观，即大学生办企业，发展经济，满足人们各种需求是创业；在平凡的工作岗位上开拓进取，建功立业，为国家做贡献是创业；到祖国最需要的地方，到西部和农村就业、创业，用所学的知识推动当地经济社会的发展也是创业。提倡大学生自主创业，树立大创业观旨在促进创业和创业教育形式的多样化。浓郁的社会创业文化有助于减轻大学生创业的精神压力，帮助他们克服舆论压力，激发大学生的创业热情。

(2) 公共服务支持

“广谱式”创新创业教育需要多方支持。资金、人脉关系、市场环境和社会阅历是影响创业的最主要的客观因素，而市场意识、创新精神、责任感和合作意识被认为是影响创业的最主要的主观因素。在这些主客观因素的影响下，大学生对创业教育的公共服务同样存在很多疑问。相较其他创业群体，大学生在创业资本、创业经验、创业技能等方面都较为薄弱，进入市场创业常遇到办照难、打交道难、享受优惠政策难等问题。这就需要在社会层面建立和完善创业教育的公共服务体系，将政府政策、企业支持及高校的教育成果在一个平等的环境下给予大学生，设立创业信息服务、咨询服务等平台，对有创业欲望的大学生能够给予校外的政策咨询和创业指导，给予大学生最新的创业项目信息，提供创业测评、创业模拟等服务，发挥公共服务平台在构建大学生创业的舆论环境、文化环境、制度环境方面的作用，吸引更多有志者投身创业实践。

3. “广谱式”创新创业教育生态系统建设的外围助力

“创业型企业”不是特指某一类企业，而是对那些以创业思维、创业方式、创业行动推动事业发展壮大的企业的统称。创业型企业是“广谱式”创新创业教育生态系统的外围助力，对创业教育具有全程性影响，不仅为创业教育的校园阶段提供实践、师资、资金支持，并且在创业教育的初步成果进入社会创业阶段后还给予后续扶持，拥有雄厚实力的大企业通过并购、合作等方式与初创小企业协同发展，促进其进一步发展壮大。企业与高校之间的良性互动为培养创新创业型人才创造了条件。一方面，创业者在高校内接受创业教育阶段，企业经常为其提供场地、资金和创业辅导等全方位的服务和保障，让受教育者在学校学习阶段就能够对创业教育知识和技能加以运用并真切地感受到企业的运行，增加创业者的创业体验，有效提升受教育者的创业技能和水平；另一方面，企业通过与高校合作建立孵化平台，让创业者的创业想法、创业意识拥有可以施展的平台，让创业动机在孵化平台中得以孕育。

（1）资金支持

资金的缺乏仍然是大学生创业的重要问题。尽管大学生的创业基金大多来自政府贷款、高校创业基金、家庭支持等途径，但这些资金对大学生的创业支持来说还是十分有限的，而企业资本则对“广谱式”创新创业教育生态系统的资金链支持发挥着不可小觑的作用。企业通过与高校建立联系，实现校企合作，为创业教育提供资金支持，运用企业资本为高校的创新创业研发提供资金保障，实现创业基金的多元化。与此同时，企业还可设立专项创业基金用于资助高校师生的创业项目，使高新技术创新创业项目能够走向实践环节，孵化出创新企业。而高校的创新创业项目也为企业的项目研发提供了技术反哺和人力资本支持，实现生产创新。

（2）平台支持

“三螺旋”理论强调高校、政府、企业亲密合作，实现互惠互利。企业可以为“广谱式”创新创业教育提供优质的实践服务平台，检验“广谱式”创新创业教育的教育和研究效果。这些平台可提供实践岗位、创业场所、实践指导教师以及资金平台等支持。高校需要与企业建立长期稳定的合作关系，由企业为高校创业教育提供良好的外部条件，包括提供基本的实践岗位平台、实践实习基地，与高校联合建立孵化基地和实践基地。高校可通过创业实践基地和创业孵化基地的建设来实现教学实习、科学研究、社会实践与大学生创业教育的深度融合，激发学生创新创业灵感，提升学生创新创业素质。

三、“广谱式”创新创业教育的实施路径

创新创业教育是对传统教育进行的改革，可以培养大学生的创新思维，培养他们的创业意识，是我国发展的内在动力。创新创业教育提出了“广谱式”的教育理念，这种理念涉及所有的学生，并且和传统的专业教学进行了深度的融合，是我国当前高校应用的一种全新的教学模式，它也代表了我国创新创业教育未来的主要发展方向和发展趋势。“广谱式”创新创业教育可以有效地融合在课内教学和课外实践当中，实现理论到实践的全覆盖，可以带动我国教育的实践创新。除此之外，“广谱式”创新创业教育模式对于学生综合能力的培养是非常有帮助的，可以说创新创业教育是提升大学生思维创新和能力创新的重要教育方法。

创新创业教育的总目标是提升我国大学生的整体综合素质；主要教育任务是培养大学生的整体性思维；使用的教育模式是“广谱式”，该教育模式强调包含全部的教学对象，传递普遍适用的教育内容，提高我国创新创业教育的总体水平。

第一，创建“广谱式”创新创业教育平台，以学校的创业实验室搭建和训练中心建设为平台的基础。学校是大学生进行创新创业的主要场所，学校的教学资源是大学生进行创新创业教育的有效保障，而且大学还可以有效地整合社会资源，包括企业资源和政府资源等。高校可以通过资源的整合实现实验室和训练中心的建设，以实验室和训练中心为创新创业的实践平台，为大学生开展创新创业提供技术支持和服务支持。

第二，建立健全学校的创业教学体系，培养学生的创业意识。创业

教学内容的选择应该以教学需求为标准，注重理论教学和实践教学的结合，应该在专业课程的教学过程中融入创新创业教育内容。在这方面可以积极利用学校的信息技术和网络平台开展课堂模拟教学，通过网络开设创新创业教育公开课，分享优质的创新创业教育资源。

第三，应该加强创新创业教育师资队伍的建设，进而提升创新创业教育的整体教学水平。教师是教学的中坚力量，师资队伍的建设对于创新创业教育的开展有重大的影响。高校应该重视师资队伍的建设。首先应该制订整体的师资队伍发展规划，对教师进行定期的知识培训，建立评价体系、考核指标。其次，应该增加和企业之间的合作，聘请企业中经验丰富的创业者向学生传授创业经验。除此之外，还应该鼓励学校聘请创业家、企业家，并且对创业导师进行全方位的培训，将师资队伍发展成高水平、高质量的创新创业教育师资队伍。

第四，应该形成多元化的创新创业教育联盟，推动创新创业教育的快速发展。创新创业教育的出现影响了我国的教育模式，为了实现更好的教育，我们需要建立不同主体之间的深度合作，形成协同创新创业的新理念。创新创业教育应该融入人才培养机制当中，并且建立科学有效的评价指标、评价标准。同时，高校是我国教育发展的主要主体，应该积极激发创新创业教育的主观能动性，充分整合社会资源，设立创业基金、创业基地，投入多种多样的资源，形成稳定的、多元化的协同创新创业联盟。

第二节　创新创业教育的实践路径

一、高校创新创业教育管理实践模式

（一）创新创业教育管理的意义

高校创新创业管理是应社会发展与进步的需求而产生的，是推动高

校教学管理改革，提高教育质量，提升信息经济时代学生就业率的强大动力。信息经济是中国经济强大的推动力，它必然给传统产业带来变革，而创新应时代而生，主要解决的是发展动力问题。信息经济化时代，在我国经济常态化的背景下，高校管理和人才培养同样需要创新。

1. 经济发展的客观需要

我国经济发展进入新常态，即在经济结构对称态基础上的经济可持续发展，包括经济可持续稳定增长。经济发展不再追求总量的增长，而是调整结构稳增长。经济新常态就是用增长促发展，用发展促增长。中国要走创新驱动道路才能真正强大起来。科技创新是中国综合国力提升和现代化产业体系建设的战略支撑。自主知识产权、核心竞争力和企业技术提升、产业结构升级、生产效率增长方式转变等都需要创新能力。由此可见，以应用型创新为导向的创新人才培养是经济发展的客观需要。

2. 高等教育的客观需要

全世界的大学都在积极融合创新创业管理思想，为高等教育增添新的活力，对课程、教学、师资、人才培养等进行全新的教学改革。因此，推进大学生创新创业教育是我国经济社会发展对高校教育提出的迫切要求。

3. 学生素质全面发展的需要

一个国家的文明程度和发展程度表现在国民素质的高低，世界各国都高度重视并大力推进发展素质教育。素质教育实质上是“尊重个性，发展个性”的教育，实施素质教育更需要重视因材施教，重视对学生的个性化培养。创新创业的教育管理理念强有力地推进高校开始思考“社会需要怎样的创新型人才”，进而重视素质教育，注重对创造力和创新精神的培养，让学生的个性得到充分发展，形成健全的人格。创新创业改革目标就是培养具有创新精神、创业能力的高素质人才。这种需要分层次、差异化的个性化培养，这也是当前实施素质教育的要求。

（二）高校创新创业教育管理模式

1. 融入校园文化，让学生入校就能感受到创新创业的文化氛围和理念

在高校中营造浓厚的创新创业的校园文化环境氛围，形成新的职业价值倾向，能够激发大学生创业的需要和激情。创新创业校园文化环境包括制度环境、物质环境、精神环境，高校的创新创业改革需要全员参与，转换人才培养理念。

2. 创新创业教学设计

我国创新创业的定位是面向全体学生，开设简单的创新创业课程显然不能满足错综复杂的个体差异。发散思维、创新精神、创造力等心理量需都需要从小引导，进行循序渐进的培养，所以低年级创新创业管理是高校创新创业教育的重要基础和保障。

3. 社会系统的支持

创新创业教育呈现出支持保障体系完善、产学合作广泛、重视企业家精神培育和价值引领、注重国际性和开放性等特点。可见，创新创业管理不是高校单独的事情，而需要一个庞大的支持系统，形成一种促进创新创业的生态体系。我国的创新创业管理也应该重视和鼓励各方力量参与。

4. 完善创新实践基地，加强产教学研结合

产教学研结合不仅有助于学生巩固课本知识，提高学生创新创业的意识，还能在具体的技能训练中培养学生的创新能力。高校在人才培养中要重视对人才进行订单式培养，从社会实际需求出发，将在就业竞争中表现出实力。将理论教学、实践教学与科学研究三者有机结合，鼓励创新研究，增强创新创业教学实践效果，培养学生的创新意识和创业能力。

高校开展创新创业教育改革的目的是提高人才培养质量，为社会经济发展注入强大动力。创新创业是一个复杂的生态体系，在推进过程中

难免会遇到各种各样的问题。在我国经济新常态背景下，高校教育工作者要高度重视与时俱进，利用好产教结合、校企合作平台，以足够的耐心做到分层分类，逐步引导，推进面向全体学生的创新创业教育管理改革。高校要全面深化创新创业教育改革，培养和造就有创新精神、敢于承担风险、有创业能力的高技术技能人才，这既是新时代的历史使命，也是为创新型国家建设提供强大技能型人才支撑的必由之路。

二、高校创客空间的搭建

（一）高校创客教育实施的基本路径

1. 高校创客教育实施的方向

高校双创学院进行教育引导的主要方向应该遵循一个客观规律，即我国高校双创教育的开展还处于初期，主要还在探索阶段。应在现行的科技条件背景和社会变革的趋势下，去寻找那些可以遵循的规律，以谋求在短时间之内利用有效的资源，产生大量高质量项目并进行强化。

（1）创新、创业与创客

我国高校的创新、创业、创客教育是从不同角度进行的同一个工作的项目内容。

①创新是人类发展的原动力，是思想方法和理论凝聚的重要范畴点。只有不断地创新和迭代那些固有的需要改革的部分，才能使一个事物、一个项目和一种思想的走向更加趋于现实和完美。创新是从思想意识和时代趋势上去诠释操作规律，让广大师生树立创新意识，发挥创新精神，掌握创新技能与创新能力，并在技术部分运用娴熟之后奠定创新的物质基础。

②创业是将创新所产生的对某一事物、某一思想或某一范畴的技术性的突破和思维上的突破创新点、项目落实到实际生活和市场竞争中去，是对人类的生产生活和科技进步去做更深入的具体操作，以谋求取得良好的利润。创业类型主要分为创新型创业与改变性创业。

第一，创新型创业。创新型创业是在创新的前提下，做出开创行业和高科技的亮点，以在充满市场竞争的社会环境中去落地，去运营，去输出有价值的产品和服务，去服务广大的用户与客户。由于创新型创业科技含量高、市场价值高，易受到资本青睐。

第二，改变型创业。改变型创业则是在原有已成熟的领域、原有运转良好的商业板块、原有正在应用和经过人们的实践检验的基础之上进行一个裂变型的改变，也就是将其某一部分进行迭代升华与创新改变。改变型创业的优势是在原有已经非常成熟的项目上面进行革新、改革、裂变和迭代，这样它的成功率是比创新型企业的成功率要高的，而且更加接近于市场变现的路径，更容易在短时期内推出能满足客户需求的高质量的创客项目。

③创客是指将一个想法或一个创意变成一个有价值的产品与服务，并以此为乐追求实现自我价值的群体。创客已经被中国高校中有作为的具有创新创业能力的人所接受，并且成为他们的一种生活方式。

（2）产品创客创业方向

①创造性产品创客创业。产品是创客们创造出的原创、即时类产品，这些产品可能有着能够创造一个新行业的能力。在高校创新创业的创客教育活动中，应大力鼓励此类产品创业。但此类产品创业不易产生巨大的规模性效应成果。

②创客性产品创业。创客在某一行业的某一品类上进行再创造、再延伸、再发展，使其产生了拐点，这个拐点对于整个行业具有颠覆性的影响。

我国高校双创学院在对产品创客进行教育培养与引导时，会着眼训练创客的各项能力。其中最主要的是对产品创客的大脑灵活度的训练，使创客能够产生非凡的想法。这样的训练能够让产品创客将现有的产品进行拐点式的改造，并基于社会需求创造出那些能够满足人们生产生活需求的创客产品。这些训练包括多行动少抱怨、改变思维方式打破规则、改变固有习惯、探索未知世界并实验、专注聚焦、增加毅力六个方面。

③营销类创客创业。营销类创客泛指在产品创客将产品创造出来后将产品推向市场，寻找渠道与客户的创业群体。他们在销售产品的过程中不断地了解客户的最新需求，将产品进行无限接近于客户需求的迭代。

在我国双创学院的施教过程中，对营销类创客的培养应该采取有效的手段与教育。产品创客只需要将一个想法付诸实践，发明创造出产品，而营销类创客是要将一个产品卖给用户，所以一定要足够了解这些用户的需求，以完成商业转化。对营销类创客要进行以下方面的训练。

第一，驾驭销售团队与销售渠道的能力。在参与市场竞争的过程中，营销类创客的管控能力、激励能力与领导能力对团队尤为重要。

第二，在进行市场推广的时候，要有拟人化、高情商的能力。当下商业模式的迭代频率加快，已经发展到网红经济时代。这一时代的显著特点就是将一类客户的需求做成产品与服务，并在相应的平台上进行推广，让更多的人来购买，并利用良好的口碑来实现自动销售。而这就需要建立品牌，要有相应的品牌故事、品牌调性来做标签，也就是当下流行的商业法则——超级 IP。

超级 IP 作为一个标签包含很多内容，品牌故事、产品、社群、媒体内容、媒体信道等，而 IP 的最高层次就是拟人化。

第三，营销创客应该具备快速使自己正在销售的产品按照客户需求进行迭代的能力。大数据时代是一个信息倍增的时代，是一个需求个性化的时代，是一个一切想法都能够快速实现的时代。企业的有效时间在缩短，产品的需求、拐点在不断地改变，所以营销类创客要能快速探求客户需求并改变自己的产品，使其适应市场需求，而不被市场所抛弃。

④内容传媒创客创业。内容传媒创业既包括对科技、人文、心理、历史、哲学等方面的内容进行创作以及演绎的创业行为，还包括将已有

的内容通过书籍出版，拍摄电影、电视剧、动画片，制作情景剧、歌曲，创作诗歌、舞蹈等形式进行内容创造的再表现。

⑤创投创客创业。创投创客创业泛指那些将工作范畴放在一个项目的种子阶段、天使阶段和风险投资阶段的工作群体所进行的创业活动。快速建立由专业的天使投资人、风险投资人组成的教师团队并开设创投类的专业，对创投类创客进行培养，这对利用资本杠杆、在项目前期进行风险投资的创投类创客具有重要价值。

2. 高校创客教育实施的路径

(1) 高校创客教育的发展定位

中国高校创客教育的发展是以各高校学校专业性质、各高校的优势专业以及所在城市的特色产业为参考坐标来制定出符合各高校自己的发展优势的创客教育发展定位的。

①高校专业性质。高校所肩负着的教育内容与教育任务是决定其如何能够高效、便捷和多产地创造出创客项目的前提因素。不同类型的高校在规划自己的创客教育发展定位时应根据其性质来规划自己的创客教育实施方向和优化路径。

②优势专业。高校依托已具备的优势专业的人才生态体系来规划其创客教育实施发展的路径定位，将有利于创客项目的产生、孵化和最终成果。同时，也能促进该高校、该专业人才的培育以及科研项目的诞生。

③高校所在城市的特色产业。一个城市的特色产业将会形成一个大生态圈，围绕这个特色产业会聚集大量相关高端人才和优势资源，进而突破依托高校自身的生态来网罗资源与人才的局限性，从而有利于促进该高校创客人才和创客项目的储备与诞生。

(2) 高校对创客行为的支持

高校对创客行为的实际支持包括以下几个方面。

①场地支持。创客教育与创客研究是一个长期的工程，创客需要在

稳定的工作环境下做一个项目，所以必须获得这方面的支持。学校应有引入创客空间与创客小组活动产品，以利于全员动员，加入创客教育，接受创客文化，创造创客项目结果。

②授课支持。对高校专业的创客群体，应该为其提供系统的、完善的、具有特色前沿性的专业创客教育实施体系，以便于创客使用总结出来的先进方法。

③宣传支持。学校宣传媒体与宣传阵地要高频次地进行创客教育、创客行为的引导和创客优秀人物的表彰，鼓励科研人员进行创客行为，助力专业创新。

④资金支持。学校除自身投入资金外，还需引入社会创投资金、企业科研资金等，使本校的创客教育在强大的资金支持下快速产出结果。

（3）高校创客商务拓展的生态资源

高校创客商务拓展的生态资源如下。

①政府生态资源。各高校需要深度解读政府所推出的政策，深入对接政府，顺应大势，利用政府层面资源来帮助自身创客教育的实施，助力自身高效创客教育和创客项目的实施与发展。

②科研院所生态资源。研究院和科研机构拥有大量国家支持资金，储备着大量国家层面和全球层面的优秀人才，有大量先进的实验设备与实施设备和最优的场地、资金等。要在本行业和本地区找到相关能够帮助到自身创客教育实施与创客项目落地的研究机构，拓展利用他们的优势资源，为自己的创客教育与创新项目落地发展开拓有效的路径。

③企业生态资源。大部分的创客项目集中在科研产品研发和商业模式创新等方面，与企业有着天然的有机连接，要结合企业的资金、市场、信息、大数据分析、客户需求反馈，去反过来迭代自己的教育方向，丰富创客项目的功能研究。

④创客空间生态资源。创客空间是专门服务于创客的一个综合服务体，有办公空间，有资本辅导方面的功能，也有关于行政和社会事务打

理方面的基本功能。校内的创客空间应该快速地打通各个专业的创客空间之间的壁垒，实现资源互通、资源互补，以利于高效地运用本校所具有的创客空间资源去释放这方面的资源能量。同时，以进行资源输出的创客空间开辟这方面的有效通道，以利于自身高效创客的教育发展和创客项目的诞生、孵化、应用。

⑤投资机构生态资源。高校创客的商务拓展是一个以市场为导向的工作。高校应发挥自身的优势和影响力，大范围地去沟通投资机构，以取得投资机构对创客教育优化的支持。

⑥院校间的联盟生态资源。各个高校都有自身的特色，都有自己优势的专业和人才优势生态圈。因此，在高校实施创客教育、商务拓展、项目落地时，一定要充分地考虑到与其他高校的优势资源联盟，与其他高校的优质人才并肩作战。

（二）高校创客教育实施的节点

1. 高校创客的项目管理方式

高校的创客项目管理从管理区域属性上可分为专业创客空间的项目管理、创新创业学院的项目管理、各专业的科研院所的创客项目管理、与其他校外研究机构、校外创客空间和其他关联单位的创客项目管理。

成立以学校为中心的组织机构对创客项目进行管理与运营是最高效、最稳妥、最无风险的一种形式。其功能就是管理创客的创客项目、创客空间、创客的融资评定与资源配置，协调创客在创客空间的日常工作和发展方向、计划目标和资源配置，协调创客空间与具体运营公司各部门之间的衔接工作以及创客所创业的项目公司与税务部门、法务部门、银行部门和国家行政管理部门之间的日常运营工作和对接出口。

高校对创客的日常项目管理涉及九大方面，分别是项目准入流程的管理、创客项目管理机构的管理、项目日常运营、专家顾问团工作、经验交流、项目合作、创客基金、融资计划以及记录、评价与奖惩。

(1) 项目准入流程的管理

对项目的准入与准入条件的管理是项目日常管理的基本内容，也是日后资源配置人员配置和专家配置能够实现优化的基础保障。为此，需做到以下几点：第一，要确认创客拥有基本的公民权利。如果创客是未成年人，还要在监护人的同意下才能入驻；第二，对其创客项目计划书进行有效的审核，确保其项目是符合国家经营许可、符合国家法规制度、对国家的安全和环境保护不会造成危害之后才能允许其入驻。入驻要以严格的表格化流程来进行合约精神的确认；第三，进行各项材料的审核，确认准入期限、退出机制和特殊帮扶政策，并签署入驻场地的日常协议与场地使用的说明和安全责任书。

（2）创客项目管理机构的管理

创客项目管理机构应该对项目进行常规的分析、分类并进行阶段性的资源梳理，以求创客能够专心地进行项目发展。

（3）项目日常运营

项目运营组的作用是负责创客在创客空间、科研单位以及协同的创客项目所在地的日常管理工作。具体包含：制定全部的和分类的包括特性化的创客项目的管理制度、日常运营和年度的工作思路；组织、策划、召开有关创客的各类创新培训、日常的专家交流会和对外的资本路演；创客项目的评估、管理、营销、技术、法务、财务的个案咨商；对入驻创客空间的个人、团体和项目进行资格审核，对应用的场地、设备进行定期的维护；对安全、防火进行定期检查和责任区分。

（4）专家顾问团工作

顾问团的主要功能是运用专家的智能、运用行业不同领域的专家的前沿成果对创客项目进行日常服务和“广谱式”教育。

（5）经验交流

经验交流需形成流程化的管理，对创客的经验交流、培训和专家咨询等应该做标准的流程、事先的备案和日常工作的管理，以避免浪费重要资源和在工作流程中有对接不畅的风险。

（6）项目合作

创客本身的创业项目，如果是自运营，那么肯定需要合作，如果是合作项目，肯定需要与其他的公司、项目进行协调管理与运营。管理机构应授权运营组进行前期的确认与管理，以避免在合作过程中出现风险，并确立好合作项目的责任分化、资金管理与项目的终止退出机制，使高效的创客项目在管理上走在成熟的、高效的轨道上。

（7）创客基金

对创客基金本身与创客所需资金的管理应该实行专款专用，并对专项基金的使用设立标准流程。对某一类国家特殊投入的项目资金不允许为其他项目所使用，要保证国家所确认的项目资金在使用上是透明的、可控的。

（8）融资计划

对其他机构和联合单位的所投资金也要保证其投入方向上无风险，以监管其资金投入不会被挪用和不正当使用，保证创客项目日常运营管理的高效性，使其具有可控性。

（9）记录、评价与奖惩

应设立项目的日常记录流程，对项目的日常评估进行阶段性的评价。对有突出表现者进行表彰，对违反管理条例者进行有效监督并给予相应违约责任惩罚。

2. 高校创客项目的数量

确定创客项目数量的增长点和普遍规律是现阶段的一个重要任务，可以从产生点、产生方式、增长点、增值方式这四个方面进行探索。

（1）产生点

产生点即创客项目数量的增长点。寻找具有普遍规律的增长点，就能促进创客项目的大量产生。

（2）产生方法

创新、创业、创造，一切始于创业，一切始于创意。创新是一个民族前进的动力，创造是民族工业的根本，创业是商业发展的动力。然而，无论是创新、创业，还是创造，都需要有一个出发点，这个出发点就是创意。

（3）增长点

如果说创新、创业和创造会让一个事物茁壮成长，那么创意就是种子，让事物有了生根发芽的根基。高校双创要做好以下四方面。

第一，要具备强大的自传播性。对所有的参与者，都鼓励其开通移动社交媒体端口。

第二，与相关领域范畴内的潜在客户进行有效地沟通。在创业过程中，让潜在客户提供最真实的用户需求和价值取向，让创意有的放矢。另外，根据用户与社会某一类需求人群的需求点，去寻找那些以结果为导向的创意点。这一点，应该在双创教育中提供切实可行的操作方案。

第三，整合周边的强关系与弱关系。将身边可能会对创业有帮助的这些信息、人员以及知识范畴有机结合在一起，高频次进行基于用户需求的交流。这样会在过程中激发出平时交流与思考中所不能产生的重要增长点。

第四，彻底落实执行线上交流与线下交互的操作模式。因为在移动互联网社交与自媒体发展繁荣的当下，线上交流能够让人们利用碎片化时间打破地域的限制，这样可以使交流变得更高效。由于线上存在不能面对面交流的缺陷，所以必须与线下的交互场景相结合。线下的交流方式有头脑风暴、专家咨询、项目路演等形式，这些形式将极大地促进创意领域的创业增长。

（4）增长方式

增长方式主要有以下几种。

第一，纵向推进的创新模板。创客在原有产生点的基础之上通过纵向的推进，不断串联产生更多的创新项目，进行螺旋式的递进，产生无限的创造项目的点。纵向推进的创新模板从三个方面来培养创客：一是基于丰富的知识储备与广泛的高度融合，二是使其在事物的初始阶段就具备极强的好奇心，三是使其对所研究的事物不要过于草率地下结论。

第二，横向推进的创新模板。创客在原有产生点的基础之上通过横向思维拓宽对知识范畴的选择范围，运用想象力对既有事物进行添加，使原有的创客项目产生很多其他的连接点，进行多产品的横向连接联盟，大幅增长创客项目的数量。这个模板的主要功能就是一个并联式的横向思维模式。在操作横向创新模板的时候，应该让人们有广泛的兴趣和对市场的深入探究，进而横向连接重新排版，将两个或三个或五个项目横向连接在一起，这对提高创客项目的数量有非常大的作用。

第三，立体生态的创新行为。所谓立体生态的创新行为，就是在某个产品的生产链条上的创新。链条是将产品服务以及信息从来源处安排到市场处所采取的一系列活动和手段的顺序。对产品的市场活动的一系列活动和手段的链条顺序进行再创新，寻找出全息的信息和增长点、产生点。重视以一个链条和一个核心的科技研发原点为主线的结合，来成批地、全产业地、全链条地促进创客项目数量的增长点。在这一个大的链条上面进行一个思考，会找出其中很多的闪光点、产生点和增长点。因为需要在产品信息需求服务来源、市场层面应用、客户反馈这个大的立体生态链条上，纵向、横向、俯视、仰视，多角度地去看，才会发现更多的增长点。

3. 高校创客项目的质量

创客项目质量包括以下方面内容。

（1）控制点

要根据不同专业、不同领域、不同高校的教学范本与教学模板，对创客项目的质量设置标准的质量控制体系与控制点。质量的控制点需由学校与实施人员商谈编定，并在实践中加以检验。

（2）控制方法

主要从结果出发寻找答案，倒推创造出来的创客项目。这种从源头上以结果为导向的逆向求异思维的控制质量方法，会使项目在创业设计初期就能走上一条能够对接到现实应用的规范之路。

（3）能力训练

能力训练主要包括以下两个方面。

第一，建立项目基础文件库，在创造过程中不断检测这些质控点，预防偏离质量控制的方向。

第二，描绘各个质量关键创造点的鱼刺图，以在更细分方向上控制质控点，这样便于控制这些创业项目在创造性思维突进的同时不违背质量的关键点。

（4）项目路演

项目路演主要包括以下两个方面。

第一，初级路演层次可测试项目的可行性与需求性，提升项目优质率与项目团队成员的高频次交互。项目路演可以分为内部项目路演与外部项目路演，这一个层次的路演是为了测试项目的可行性与需求性。集中内部参与人员进行一个正规的路演，将一个创业项目完整地进行叙述，让大家从各个方面进行评定以求提高项目的质量。开放外部的路演，也就是将非项目小组内的工作人员、非相关的人员与市场用户人员引进参与到项目的路演操作流程当中来，让他们站在各自不同的知识领域与市场用户需求的角度对项目进行意见反馈以及进行高频次的交互。

第二，高级路演层次是对天使投资人进行的项目路演，是以项目与资本行为相结合的市场化标准来评判创客项目质量。因为评判创客项目质量的关键因素取决于能否市场化，而能否市场化的关键又取决于能否得到资本杠杆的支持，因而这个质控点非常重要。即使产品再好，项目再优秀，但若在市场推广中得不到市场的认可以及资本市场的认可，其他也都是枉然。资本的逐利性注定了他们能够从专业角度来看待一个创业项目，因此这是一个创客项目重要的质量检测点。只有这样才能够最接地气地与市场行为相结合，与资本行为相结合，进而产生高质量的创客项目。

（三）高校创客空间的运营

在国家号召与推动的“大众创业、万众创新”的全民创业运动背景之下，高等院校纷纷依托各自高校资源在校园内建立高校创客空间。高校创客空间的数量众多，甚至可与社会上的各类创客空间、创客实验室相媲美。

创客空间是各个不同的创客群体之间进行交流融合并且有着高效且集约功能的场所。创客空间、孵化器和联合办公室三位一体形成了当下创新创业生态体系的基础设施。创客空间的作用是帮助和支持一个具有潜力的创客或者创客群体成功地创造出一个具有社会价值的创业项目。

高校创客空间提供物理空间、基础办公设备以及税务、法务、人力资源、天使投资、项目路演等相关创业服务。高校创客空间的最大特点在于背后依托于高校的青年才俊和教育科研资源。学生创客们利用高校创客空间提供的办公场所、宣传渠道、教授辅导等服务将一个个想法变成一个个产品、服务、品牌，甚至一个平台，用这种价值来服务于高校中、城市中甚至社会中的某一类需求用户。高校创客项目借助高校创客空间这一平台，通过资本的杠杆和天使投资的力量进行有效的孵化，直到能够在商业层面有所倚仗，在市场层面有所作为。

1. 高校创客空间的建立

高校创客空间可以分为线下形态和线上形态。高校创客空间一般是以线下形态存在，多建立在校园的教学楼、实验室或活动中心等物理场所中。线上形态多是以校内创客社群、创业网站和直播平台等媒体平台形态存在。

高校创客空间旨在为学校创客们提供活泼舒适却不乏严谨理论的创业氛围，因此除了提供咖啡吧、会议场所和休闲聚会场所这类基础场所之外，实验室中也应该配备相关制造类设备（如 3D 打印机）、检测设备和沟通类设备等。

组成创客空间的人群主要包括创客空间管理者、创客和创客导师三大类。创客空间管理者由学校创业部门相关的管理人员担任或聘请社会上有经验的管理者；创客主要是有着高校背景的教师、学生等群体，同时也要吸引校外优秀的创客入驻；创客导师既有本校资深的教授，也有往届毕业的杰出校友，同时还要聘请大公司高管、创业公司首席执行官(CEO)、政府领导、天使投资人等社会人士。此外，还需要有足够的资金预算支持，实现新时代的创客空间运作。

2. 高校产品类创客的培育运营

对产品类创客的培育应该进行专业化的运作和强强外联式的运营。具体的运营方法和路径应该遵循优势集约的方式。

(1) 要强化自主优势。重点对受教育者进行创客精神、创业能力、创业方法的强化培训，进而培育出具备自主创新精神、自主创新方法和自主创新成果的优秀创客、创客群体、创客组织。

(2) 将“走出去”与“请进来”相结合，使其在某一品类或方向上的优势被充分发挥出来，让更多的专业创客及创客组织给学校中那些有创客潜力和创造能力的人员分享创客精神、方法方案和创造成果。

(3) 将创业项目与资本有效结合，利用资本的力量发挥出项目的最大价值。

(4) 推广创客文化，让创客文化深入人心。

3. 高校众创空间的管理

在高校众创空间的成长过程中，管理是重中之重，让专业的人做专业的事总是最妥当的。高校众创空间管理的主要工作是对接校内及社会资源。

一是要有专业的团队、先进的商业模式以及法律的帮助，并将创客的想法、产品、服务、品牌与平台相结合，进行高效运营；二是对接媒体资源，为创业项目提供市场营销与媒体宣传；三是邀请行业领域的杰出代表作为创业导师为高校创客进行创业辅导；四是主办或对接项目路演和创业大赛，将高校的优秀项目展示到社会中去，以此得到更多的机会。

4. 高校种子类项目的输出

种子类项目的输出是创业项目与天使资本及众投的对接。运用资本的杠杆将一类产品、服务、品牌、专利和平台推向市场快速孵化，再快速服务于用户。

众创空间除了自身所拥有的天使资本、天使投资人之外，还应该在社会上引进优秀的天使投资人和天使投资机构进行频繁的项目对接。众创空间成长中的天使对接决定着众创空间的运营结果，同时也是能否推出更多优秀项目的关键。中国高校双创学院可以通过高效的理念碰撞，以谋求众创空间在孵化创客产品服务以及品牌平台的时候更加快速，以强大的资本杠杆介入及倒推某一行业能够产生高核心价值的品类进行资本输入。为此，高校应当保持高度警醒，因为所有的发明创造与服务过程都是为了出结果和产生一个有价值的产品甚至平台。

三、高校创新创业多元孵化实践方式

（一）构建高校多元化孵化平台

大学生创新创业计划项目、各类创新创业竞赛选拔项目等是创业项目的来源。应加强对创业项目的评估，真正选拔出符合创业实践条件的项目进行孵化。针对不同技术特点、团队类型的创新项目采用不同的创业扶持方式。对风险高、周期长、资金需求量大的项目，可以采用与企业合作的技术许可、技术转让、技术入股等多种孵化模式。对一些技术含量高、有发展潜力的孵化项目，孵化基地需加强后续支持服务。针对大学生创新创业的现状，各高校纷纷建立了大学生创新创业基地及高校科技园，有力地支持了创新创业项目的持续进行，对大学生创业孵化起到了助推作用。

（二）加强高校多元孵化平台的宣传与完善

高校要通过创新创业课程、学校实践活动宣传以及互联网的各种渠道加强对孵化平台的宣传，让每个创新创业者都熟知孵化平台的作用，了解相关政策及其所能提供的服务。结合产学研的校内外资源，建立和扩大多元化大学生创业协同孵化平台，构建完善的项目孵化流程和考核体系，保障和吸引社会优良企业对初创项目的投资。同时，应为创业者提供简化的各项流程，落实国家、省市、学校的各项优惠政策，更好地为创业者和创业公司提供服务。

四、高校创新创业教育与专业教育融合的课程体系实践

（一）课程体系要实现在所有理论课程中都融入创新创业理念

对于通识必修课，在专业导论和新生研讨课程中加强对创新思维、创新意识、工程意识、科学方法等方面的训练；在形势与政策教育、思想品德修养、成才导论、就业导论与职业规划等教学中，增加创新创业知识模块，注重对意识和精神方面的养成教育；在专业基础课与核心主干课程中，强化对学生创新能力培养的要求，突出对学生创新研究的帮助。

（二）课程体系中要专门构建与增加创新创业理论课程

通识选修课方面，要积极组织并开设创新创业基本理论和基本方法类课程，鼓励学生跨学科跨专业学习，进一步丰富知识结构，提高创新创业的基本素质；专题选修课方面，针对各类竞赛，如数学建模系列竞赛、电子创新设计竞赛以及科技成果转化设计、创业能力培训专题等，开设由多个学分组成的选修课程组，鼓励学生在某些领域形成创新创业的优势。

（三）实践课程要整合专业教育的实践教学与创业教育的实战训练

在高校大学生自主研学项目中，按照创新创业项目的要求，在各学科专业系列专题创新设计竞赛中体现创新创业。此外，还要专门建立与完善创业系列专题竞赛与实训项目，创建高校创业计划专项竞赛。通过各类学科竞赛前期理论课程的学习，对学生的学习成效、创新能力进行实践检验。在实践实训中还要专门建立科技作品制作、创意策划设计、成果转化设计与企业创办孵化实战训练项目。

（四）专门设计创业辅修课程作为课程体系中的延伸课程

可面向全体学生增设创新创业教育辅修专业，积极鼓励学有余力的学生辅修第二专业和学位，真正将创新创业视为一项“专业”实施教育。通过辅修向学生传授和展示不同的创新创业观点、技能、方法和经

验，为学生未来成为创业者奠定基础。

创新创业教育与专业教育相融合是我国高等教育人才培养模式的发展趋势与方向。从创业教育的内涵出发，将创业教育融入新的人才培养理念，并落实到专业教学的全程中，不断完善高校人才培养方案。毫无疑问，课程体系的构建始终是一个出发点和落脚点。

高校需通过各种途径宣传和提高专业教师对创新创业教育的认知，提供相应的政策支持来鼓励教师投入到创新创业的教育教学中。建立相应保障机制，完善服务体系，加大创新创业课程、教学、实践等的经费投入，积极搭建多元化的教育平台，邀请创业精英及创业导师开设讲座，营造创新创业文化的良好生态。只有这样，理想的课程体系才能得以顺利实施。

参考文献

[1] 王占仁."广谱式"创新创业教育通论［M］. 北京：教育科学出版社，2017.

[2] 侯力红，姬春林."互联网＋"大学生创新创业教育研究［M］. 北京：科学技术文献出版社，2017.

[3] 张钱，李强，詹一览. 大学生创新创业教育教程［M］. 上海：上海交通大学出版社，2017.

[4] 于静荣. 大学生创新创业教育与就业指导［M］. 北京：北京交通大学出版社，2017.

[5] 闫淼. 做应用型人才创新创业教育的领航者［M］. 长春：吉林大学出版社，2017.

[6] 邓如涛. 新常态下高校创新创业教育研究［M］. 成都：电子科技大学出版社，2017.

[7] 刘振忠，周静. 高等体育院校创新创业教育理论与实践探索［M］. 成都：电子科技大学出版社，2017.

[8] 徐岩，汪利辉. 理工科大学生创新创业教育实务手册［M］. 济南：山东人民出版社，2017.

[9] 王林清. 大学生创新创业教育蓝皮书：英才成长之路［M］. 武汉：中国地质大学出版社，2017.

[10] 丁厚春. 创新创业教育［M］. 成都：电子科技大学出版社，2018.

[11] 钟志华. 创新创业教育研究［M］. 上海：同济大学出版

社，2018.
[12] 卿臻，罗兰芬，蒙振，等. 大学生创新创业教育 [M]. 北京：国家行政学院出版社，2018.
[13] 郑楠，闫贤贤，黄卓. 大学生创新创业教育 [M]. 北京：北京理工大学出版社，2018.
[14] 连银岭. 大学生创新创业教育 [M]. 北京：北京理工大学出版社，2018.
[15] 张雷. 创新创业教育实训教程 [M]. 镇江：江苏大学出版社，2018.
[16] 朱明俊. 大学生创新创业教育读本 [M]. 上海：上海交通大学出版社，2018.
[17] 张晓娟，李春琴. 大学生创新创业教育研究 [M]. 北京：兵器工业出版社，2018.
[18] 葛茂奎. 大学生创新创业教育与探索 [M]. 长春：吉林出版集团股份有限公司，2018.
[19] 谭书敏，张春和. “互联网＋”大学生创新创业教育概论 [M]. 成都：电子科技大学出版社，2018.
[20] 袁凤英，吴郁芬. 创新创业教育 [M]. 北京：国家行政学院出版社，2019.
[21] 万生新，姬建锋. 大学生创新创业教育 [M]. 西安：陕西人民出版社，2019.
[22] 李建庆. 大学生创新创业教育研究 [M]. 成都：四川大学出版社，2019.
[23] 李时菊，袁忠. 创新与创业教育 [M]. 北京：中国医药科技出版社，2019.
[24] 王青迪. 大学生创新创业教育与就业指导 [M]. 上海：上海三联

书店，2019.
[25] 万君，张震，牟秀英. 大学生创新创业教育教程 [M]. 成都：电子科技大学出版社，2019.
[26] 陈忠平，董芸. 新形势下高校创新创业教育 [M]. 北京：冶金工业出版社，2019.
[27] 谭新华. 大学生创新创业教育案例分析 [M]. 北京：国家行政学院出版社，2019.